Sylvia Howe

Chaos, Mut und Hundekekse

Wie ein kleines bulgarisches Knickohr unser Leben
gehörig durcheinanderbrachte

Bibliografische Information der Deutschen Nationalbibliothek:
Die Deutsche Nationalbibliothek verzeichnet diese Publikation in der
Deutschen Nationalbibliografie; detaillierte bibliografische Daten sind im
Internet über http://dnb.dnb.de abrufbar.

Korrektorat: Rieke Conzen – Lektorat & Korrektorat
Covergestaltung: Anja Richter – etageeins
Bildnachweis Coverhintergrund: © rawpixel.com auf freepik

Herstellung und Verlag: BoD – Books on Demand, Norderstedt

ISBN: 978-3-7578-8944-9

Immer wenn ein Mensch seine Zukunft plant,
fällt das Schicksal im Hintergrund
lachend vom Stuhl.

(unbekannt)

Widmung:
Für die Bulgarin und den Großen
und all die Herzensbrecher,
die unser Leben so sehr bereichern.

Inhalt

8   Vorwort der Autorin

12   Bulgarisch ab halb zwölf

18   Die große Reise – WhatsApp-Motivationsteam, Baldrian und Schokokekse

32   Liebe auf den zweiten Blick

38   Ankommen im Für-immer-Zuhause

42   #daswarsozwarnichtgeplantaberjetztisteshaltso

48   Angstnasen

60   Die Gassi-Angst

66   Die Schrecken der Nacht

72   Das große Fressen oder „Achtung, Piranha!"

82   Happs und weg

94   Jagen – wenn die Nahrungsbeschaffung zum Sport wird

102 Katze kloppen

108 Shit happens

116 Wie man ein Geschirr anzieht

118 Hundebegegnungen 2:1 – wenn der Bürgersteig zu eng wird

126 Gassi international – unter Freunden

130 Tierisch menschliche Begegnungen

138 Bulgarische Alarmanlage

144 Wir hätten sie Fusselchen nennen sollen – haarige Themen aus der Anfangszeit

150 Schlafverhalten und Chaosforschung

154 Made my Day!

158 Der Große und die Neue – wenn zwei zusammenwachsen

162 Urlaubspläne vom Großen

164 Namensgebung – von der Chaosqueen zur Schmusemaus

170 Training mal zwei – ich hätte gerne noch vier Hände dazu

180 Corona, Quarantäne und glückliche Gartenbesitzer

186 Hunde im Home-Office

190 O du Gruselige – es weihnachtet sehr

196 Neues Jahr, neues Glück

198 Winterwunderland

202 Welcome Home Day!

204 Ein paar Gedanken zum Schluss oder am Ende ist man immer schlauer

214 Lebensfreude

216 Fakt oder Fiktion? – Wie so ein Buch zustande kommt

218 Danke

Vorwort der Autorin

Sollte Tierliebe erblich sein, hat sie sich in meiner Familie ganz fest an ein Gen angedockt. Bereits mein Urgroßvater väterlicherseits war ein Hundenarr. Und ich glaube, ich habe die volle Dröhnung abbekommen.

Ich kann mich an eine Situation aus meiner Kindheit erinnern, da war mein Vater mit meinem großen Bruder und mir unterwegs. Viele Menschen waren dort, unter anderem ein Mann mit zwei Dobermännern. Ich war begeistert und flitzte mit den Worten los: „Guck mal, Papa, sind die niedlich!" Und ein Onkel aus Kindertagen besaß eine Deutsche Dogge. Mein Vater stieg erst aus dem Auto, wenn der große, imposante Rüde im Haus war. Er hatte ihn bereits strammstehen lassen. Also der Hund den Vater. Ich hingegen war glückselig und streichelte den schwanzwedelnden Riesen.

Ich war völlig unbedarft zu der Zeit. Manchmal wünsche ich mir als Erwachsene diese Unbedarftheit zurück. Ich war immer schon fasziniert von den Fellnasen. Das ist zwar nicht überliefert, doch ich könnte mir gut vorstellen, dass mein erstes Wort „Hund" war. Oder zumindest „Wauwau". Und wenn auf meinem Grabstein mal steht „Hundenärrische Autorin, war nicht therapierbar, ist aber glücklich gestorben", dann ist alles gut gelaufen, denke ich.

Vor acht Jahren adoptierte ich unseren ersten Hund – einen Schäferhundmix aus dem Tierheim. Er ist großartig, also groß und artig, wie es sich für einen Schäferhund gehört. Leider ist er auch mit einer kurzen Zündschnur ausgestattet. Dies zeigt sich gerne in spontanen Hundebegegnungen. Hat er einen Moment, kann er gut mit seinen Artgenossen, weswegen ich irgendwann dachte, dass ein tierischer Sozialpartner eine tolle Idee wäre. Der Göttergatte musste hiervon zwar überzeugt werden, doch irgendwann holten wir diese kleine Tierschutzhündin zu uns und mit ihr zog das Chaos ein. Und eine bulgarische Alarmanlage. Und ein Piranha.

Eigentlich war ich dabei, ein ganz anderes Buch zu schreiben, als ich die ersten Notizen für mein Chaospfotenprojekt machte. Eigentlich wollte ich nur ein paar Erlebnisse und Begebenheiten aus ihrer Anfangszeit aufschreiben. Etwas, von dem ich dachte, dass ich es nicht vergessen darf. Eigentlich.

Erstens kommt es anders, zweitens als man denkt, sagt man bei uns. Und das beschreibt ziemlich vieles ziemlich gut.
Mein fast fertiges Buchprojekt ruht, seitdem ich begonnen habe, diese paar Notizen zu machen. Nachdem ich die ersten Ereignisse notiert hatte, bin ich in einen regelrechten Schreibflow geraten. So etwas hatte ich zuvor noch nicht erlebt. Damit war klar, dass hieraus ein Buch werden würde, das sich einfach so an allen anderen Buchideen und -projekten vorbeidrängelt.
Als Hundenärrin und Autorin lag das vermutlich auf der Hand. Und so geht es auf den folgenden Seiten um Hunde, ganz klar, um Angstnasen und Mutkekse, Aufgaben, die das Leben für einen bereithält, sowie das Chaos, das in Form einer kleinen, ängstlichen Fellnase bei uns Einzug hielt. Und nicht zuletzt um eine Frau, die sich aufmachte, ein Hundeleben zu retten, ohne es zu wissen.
Die besten Geschichten schreibt das Leben, sagt man. Und ich muss feststellen, bei dieser Geschichte hat sich das Leben verdammt viel Mühe gegeben.
Tja, eigentlich wollte ich nur ein paar Begebenheiten aus den Anfängen mit der Neuen aufschreiben. Damit man die nicht vergisst. Doch manche Dinge vergisst man nie …

Steckbrief der Neuen:

Die Neue, die Bulgarin, Gewicht: 14 spackelige Kilos bei Ankunft, Was-weiß-denn-ich-Mischling, Hündin. Sie muss die Welt erst noch kennenlernen, speziell das, was ein bulgarischer Shelter nicht zu bieten hat. Also so ziemlich alles. Da kann ein Fahnenmast gruselig sein oder eine Mülltonne am Straßenrand. Und natürlich alles, was auf zwei Beinen durch die Gegend läuft.

Steckbrief des Großen:

Der Große, der Aufpasser, Gewicht: 34 imposante Kilos, Schäferhundmischling, Rüde. Er hat kein Problem mit der zivilisierten Welt, eher mit zivilisiertem Verhalten. Angepöbelt werden Artgenossen, speziell wenn sie zu groß, zu fremd und zu nah sind. Dann ist das Reaktionsvermögen von Frauchen gefragt. Bislang haben es noch alle überlebt.

Bulgarisch ab halb zwölf

Das muss man sich als hoch emotionalen Moment vorstellen, wenn man seinen neuen Hund nach Wochen des Wartens zum ersten Mal sieht. Endlich darf man sein Fell berühren, ihn vielleicht sogar an sich drücken und zu sich nach Hause holen. Und definitiv war er das bei uns. Ein hoch emotionaler Moment. Denn anstatt einer dreieinhalb-jährigen Hündin bekam ich einen kleinen Zipfelträger von fünf Monaten in den Arm gedrückt. Der Kleine hieß Oreo und war ein verängstigtes Fellbündel. Ansonsten war er genauso süß und klebrig wie der Keks, dessen Namen er bekommen hatte.

Aber beginnen wir sechzehn Stunden zuvor.
Der Tag, an dem wir unseren Familienzuwachs bekommen sollten, begann in aller Herrgottsfrühe. Ich hatte dummerweise die Benachrichtigungsfunktion von WhatsApp nicht deaktiviert. Somit weckte mich das erste Pling um viertel vor fünf. Weitere Plings ließen mich dann nicht mehr einschlafen. Der Transport, der anderthalb Tage zuvor in Bulgarien gestartet war, hatte mittlerweile Süddeutschland erreicht und die erste Übergabe fand statt. Ich hatte das Gefühl, noch im Schlafanzug ins Auto springen und losfahren zu müssen, damit wir nicht zu spät am Übergabeort ankämen. Unter uns: Ich war so aufgeregt, dass ich das Handy sogar mit aufs Klo genommen habe, um die ersten Nachrichten in der Adoptantengruppe zu lesen. Aber wenn Sie das irgendwem erzählen, verbuddeln meine Hunde und ich Sie an einer Stelle, wo Sie garantiert niemand finden wird.
Zu dieser frühen Stunde verlief noch alles nach Plan. Der Transport, der bereits vier Landesgrenzen überquert hatte, erreichte den ersten Übergabeort wie erwartet. Ebenfalls wie

erwartet sorgten Staus auf den deutschen Autobahnen danach für Verzögerungen. Der deutsche Pressedienst hatte ein Mega-Stau-Wochenende vorausgesagt.

Die Zeit, bis wir am frühen Nachmittag losfahren mussten, verbrachte ich in aufgeregter Unruhe. Je näher unsere Abfahrt rückte, desto weniger wusste ich, was ich mit mir anfangen sollte. Der Göttergatte musste noch bis zum Mittag arbeiten und ich hatte versucht, mich mit Hausputz abzulenken. Geholfen hat es nicht, da ich ständig auf die Uhr schauen musste. Oder aufs Handy.

Am frühen Nachmittag dann, ich war gerade auf dem Heimweg von meiner Gassirunde mit dem Großen, unserem vorhandenen Ersthund, bekam ich einen Anruf und wurde gefragt, wann wir gedachten loszufahren. Wir gedachten das in Kürze. Wieder zuhause verabschiedete ich mich von unserem Großen und versprach, dass wir bald zurück sein würden. Und dann würden wir auch das Hundemädel mitbringen, von dem ich ihm schon so viel erzählt hatte. Im Gegensatz zu dem Transport kamen wir gut durch und erreichten unseren Übergabeort weit vor der Zeit. Bis zur erwarteten Ankunftszeit sollte es mittlerweile noch gut zwei Stunden dauern. Zwei endlos lange Stunden, die wir mit sechs anderen Paaren und der sehr netten Gastgeberin, die ihr Gartenhaus freundlicherweise zur Verfügung gestellt hatte, totschlugen.

Dann endlich der Moment, als der Transporter auf den Hof fuhr. Aufgeregte und freudige Gesichter drängten sich dicht im Schein der Außenbeleuchtung des Hauses vor dem Auto. Und dann wurde ein Hund nach dem anderen in die Arme der glücklichen neuen Besitzer übergeben. Allen, bis auf uns. Reichlich ungeduldig und aufgeregt stand ich vor der Schiebetür und erhaschte während des ständigen Tür auf, Tür zu, Papiere checken, Tür wieder auf und wieder zu einen Blick auf das verbleibende Fellbündel, das in einer der oberen Transportkisten in der hinteren Ecke kauerte. Ein letzter Hund, der in etwa so aussehen könnte wie der, den wir erwarteten. Etwas klein vielleicht, aber gut, Bilder können immer ein wenig täuschen. Wenn die Tür nur einen Moment länger offen bleiben würde. Das letzte Auto fuhr vom Hof und es war klar, hier stimmte etwas nicht. Schließlich wurde die Tür wieder geöffnet und man überreichte mir das zitternde Etwas zusammen mit dem bulgarischen Namen der Neuen. Die war aber wirklich klein. Auf den Fotos aus dem Shelter war mir aufgefallen, dass die Neue genau eine weiße Kralle hat, und zwar an der linken hinteren Pfote, der zweiten von außen. Ich versuchte, die Pfoten meines Päckchens ins spärliche Licht zu halten, ohne mein kostbares Gut fallen zu lassen. Ich zählte mindestens fünf weiße Krallen. Ein Griff unter den Bauch brachte Gewissheit. Definitiv kein Mädel. Mein ungutes Gefühl bestätigte sich. Unser Neuzugang war nicht mit angekommen. Während ich den Hundewelpen an mich drückte, wurde telefoniert und eruiert, was da passiert war. Bei jedem Hund, der zusammen mit seinen Papieren herausgegeben wird, lesen die Fahrer des Transports den Chip aus und vergleichen die Nummer mit den Papieren und dem Namen. Offensichtlich waren die Männer, die bereits anderthalb Tage Fahrt in den Knochen hatten, in der Zeile verrutscht und hatten unsere Hündin fälschlicherweise bereits herausgegeben. Und da klein Oreo und unser Neuzugang zumindest genetisch bedingt optische Ähnlichkeiten aufwiesen, war die Verwechslung erst einmal nicht aufgefallen. Oreos Adoptanten übrigens auch nicht. Sie hatten unsere Hündin bereits gefüttert und mit den beiden vorhandenen Hunden vergesellschaftet.

Es war so unwahrscheinlich, dass ich meiner eigenen Wahrnehmung nicht getraut hatte. Aber ich hatte unser bulgarisches Knickohr bereits am Nachmittag in der WhatsApp-Adoptantengruppe gesehen. Auf unserer Fahrt zum Übergabeort. Das vermeintlich neue Frauchen hatte vorschriftsmäßig ein Bild von ihr, also von ihrem Oreo, wie sie dachte, im Kofferraum liegend hochgeladen und mitgeteilt, dass sie ihn sicher verstaut hatten und nun losfahren würden. Und als ich dieses zusammengekauerte Wesen so im Halbdunkel liegen sah, war mein erster Gedanke: Mann, was für eine Ähnlichkeit. Die werden doch wohl nicht … Aber da nicht sein kann, was nicht sein darf, hatte ich mein Erstaunen für mich behalten. Und das, obwohl ich ansonsten auch nicht unbedingt zu den Kommunikationsmuffeln gehöre. Zu dumm.

Nun galt es, diverse Dinge zu organisieren. Wann und wo könnte eine Übergabe stattfinden? Noch heute Nacht? Wer fährt wie weit? Außerdem hatten wir ja auch noch einen hungrigen und wartenden Hund zuhause sitzen, der nicht nur gefüttert, sondern auch noch einmal vor die Tür gebracht werden musste. Und sollten wir über Nacht sogar am Übergabeort bleiben, brauchten wir spontan einen Hundesitter für ihn. So ganz viele Leute kamen da nicht in Frage. Die Ansprechpartnerin des Vereins und die Verantwortliche für den Transport waren sehr rührig. Und das, obwohl sie auch schon einen langen Tag hinter sich hatten. Sie haben sich anschließend beide entschuldigt. Ihnen war das ehrlich unangenehm. Sie sagten, so etwas hätten sie selbst noch nicht erlebt. Und, nun ja, wir waren dann dieser eine Fall, der in dem Verein mal vorgekommen ist.

Ich hielt es für ein Himmelfahrtskommando, doch wir machten uns zu später Uhrzeit, bei mäßigem Regen, mit mangelnder

Ortskenntnis und durch eine Großbaustelle auf den Weg zu einer Autobahnraststätte, wo wir uns eine Dreiviertelstunde später mit den anderen Adoptanten treffen wollten. Ich war so froh, dass der Göttergatte fuhr und nicht nur eine Ahnung davon hatte, wo wir hinmussten, sondern die Raststätte samt Ausfahrt auch im ersten Anlauf fand. Ich wäre an der Stelle hoffnungslos verloren gewesen. Da wir die kürzere Strecke zu bewältigen hatten, hieß es dann erst einmal wieder warten. Oreo war auf meinem Schoß längst eingeschlafen. Der Göttergatte döste auf dem Fahrersitz und ich musterte jedes Auto, das um diese Uhrzeit in unserer Nähe parkte. Leichter Nieselregen durchfeuchtete die Nacht. Viel mehr als die Scheinwerfer und die Umrisse der Autos waren nicht zu erkennen. Es fehlte nur noch düstere Hintergrundmusik und die Szene für einen Spionagefilm wäre perfekt gewesen. Dann endlich, das unmöglich Erscheinende: Die Leute kamen tatsächlich auf dem Parkplatz an und wir überreichten uns gegenseitig unsere Hunde. Ich gab dem erwachsenen Sohn des neuen Frauchens klein Oreo auf den Arm und hoffte, dass er bei diesen Leuten ein gutes Zuhause haben würde. Unsere Hündin ließ sich widerstandslos in den Kofferraum verfrachten und wir fuhren endlich gen Heimat. Tja, und so begann unser Leben auf Bulgarisch, nachts um halb zwölf auf einer Autobahnraststätte. Der Plan war definitiv ein anderer. Aber, wie so häufig, es kam das Leben dazwischen.

Anmerkung der Autorin:
Genau genommen war es gar nicht halb zwölf. Sondern irgendetwas kurz vor dreiundzwanzig Uhr. An dieser Stelle nimmt sich die Autorin ein klein wenig schriftstellerische Freiheit heraus. Was wäre das sonst für eine Kapitelüberschrift geworden? Bulgarisch ab zweiundzwanzig Uhr sechsundvierzig?

Die große Reise – WhatsApp-Motivationsteam, Baldrian und Schokokekse

Ja, die Idee, dass ich mir ein Smartphone zulege, bestand schon etwas länger. Bislang hatte es das alte Handy, vom Junior immer liebevoll als der Knochen bezeichnet, auch getan. Und welches Smartphone hält heutzutage bitte mehr als zehn Jahre? Mein Handy hat das getan. Doch so langsam haben sich ein paar Verschleißerscheinungen eingestellt. Sicherlich nicht gutgetan hat dem Gesamtzustand, dass das Teil im Laufe der Jahre das eine oder andere Mal heruntergefallen ist. Nun ja.

Fast die gesamte Kommunikation in der Hundeschule läuft über WhatsApp. Die Hundetrainerin des Großen sagte mal, dass sie nur noch drei Kunden hätte, denen sie SMS schicken würde. Oder sagte sie *müsste*? Auf jeden Fall war ich eine davon. Und für den Transport der Hunde aus Bulgarien hierher wird auch immer eine WhatsApp-Gruppe eingerichtet. Sicherlich gingen auch SMS, aber …

Nun also ein Smartphone. Junior begrüßte mich im 21. Jahrhundert. Ich weiß gar nicht, was der immer hat. Aber jetzt, wo ich dieses Wunderwerk der Technik schon einmal habe, kann ich auch gleich eine WhatsApp-Gruppe für Freunde und Familie einrichten. Damit ich nicht jedem einzeln eine WhatsApp-Nachricht schicken muss, um ihn über die Ankunft unseres Neuzugangs auf dem Laufenden zu halten. Oder gar eine SMS.

So, das Köfferchen ist gepackt und die Neue wartet
darauf, dass die Reise in ihr neues Leben beginnt.
Am Freitag steigt sie in den Transporter und am
Samstag holen wir sie zu uns. Das werden
aufregende Tage und wenn du Lust hast, möchte
ich dich etwas daran teilhaben lassen.
Noch viermal schlafen.
18:00

Junior:
Woohoo!
18:02
BB:
Ich bin schon mit aufgeregt!
18:02
Papa:
Na, das ist ja toll!
18:06
Kollegin 2:
Ich bin auch sehr gespannt.
18:08

Ich habe heute Informationen zum Transport und
zum Tag der Abholung erhalten. Die meisten
Dinge wusste ich bereits. Es ist trotzdem spannend,
alles über den Trapo, wie sie den Transport nennen,
noch einmal so konzentriert zu lesen.
Die Spannung steigt.
Noch dreimal schlafen …
19:05

Papa:
Das hört sich wie Weihnachten an.
19:07

Das ist schlimmer als Weihnachten.

19:08

Papa:

Muss ich zum Trösten kommen?

19:09

Ich glaube, ich werde es gerade so schaffen.

19:10

Papa:

Na, dann bin ich ja beruhigt.

19:11

(Smiley)

19:18

Morgen früh ist es so weit. Da tritt die Neue ihre große Reise in ihr neues Leben an. Die Reise geht über Bulgarien, Rumänien, Ungarn und Österreich nach Deutschland. Erfahrungsgemäß wird der Transport am Samstagmorgen die deutsche Grenze erreichen. Ab dann gibt es die ungefähren Ankunftszeiten für die jeweiligen Übergabeorte. Insgesamt werden sechs Stationen angefahren. Unser Übergabeort ist der letzte. Noch zweimal schlafen ...

19:11

Liebe Ex-Kollegin:

Super!

19:13

BB:

Eine weite Reise, hoffentlich klappt alles reibungslos.

19:29

Kollegin 2:

Wir drücken die Daumen, dass die kleine Maus alles

gut übersteht und heile hier ankommt.
19:38

Danke!
19:39

Jetzt ist eine WhatsApp-Gruppe für den Transport
eingerichtet worden. Siebzehn aufgeregte Adoptanten.
Na, das kann ja heiter werden. Ich wünsche
eine gute Nacht.
Und immer noch zweimal schlafen …
22:17

So, der Transport ist um halb acht losgefahren. Alle
Fellnasen sind an Bord. Ich glaube, ich brauche
Baldrian.
8:14

Junior:
Ganz ruhig, Schwesterchen, es wird sich bloß
dein ganzes Leben ändern. Also kein Grund
zur Aufregung.
8:36

Na, du machst mir ja Mut! Sollte ich das
Ganze noch einmal überdenken?
9:12

Junior:
Nö, du packst das schon!
9:13
BB:
Vielleicht tut es auch ein Schnaps zur Beruhigung?
9:31

…
9:32

BB:

Also die Ankunft von meinem musst du erst
einmal toppen. Mitten in der Nacht am Hamburger
Flughafen sein, gefühlt stundenlang warten,
bis die Hunde durch den Zoll sind, zehn Boxen
rollen endlich durch das Tor. In einer und nur
in einer (!) ist die Hölle los, die Box wackelt
und es klingt, als wäre ein Grizzly mit eingepackt
worden. Alle Hunde freuen sich, nur einer nicht.
Er will kein Geschirr anziehen und sich nicht
anfassen lassen. Die mitgebrachten Leckerlis
frisst er samt Tüte und dem halben Arm dran.
Dann kackt und pinkelt er, selbstverständlich
als Einziger, ins Flughafengebäude. Nur er bellt
alle anderen Hunde an, derweil die friedlich
auf den Armen ihrer neuen Besitzer kuscheln.
Auf dem Rückweg Terror im Auto, dichter
Nebel auf der Landstraße, wir überfahren fast
ein Dutzend Rehe. Zuhause angekommen
jagt er als Erstes die Katze durch das ganze Haus …
Und heute? Ein ganz normaler Hund … Okay,
immer noch futterneidisch, pöbelt andere Hunde
an, will kein Geschirr anziehen und um Rehe
kümmert er sich selbst, aber sonst …
10:01

Junior:

Das klingt ja spannend.
10:03

                    O. K., als Motivationsteam seid ihr beide unschlagbar.
                                    (Lachsmiley mit Tränen.)
                                                    10:06

Und ich hoffe inständig, dass uns zumindest die
Rehe in Ruhe lassen.
10:07

BB:
(Lachsmiley)
10:10

Mein kleines bulgarisches Knickohr,
nun dauert es keine vierundzwanzig Stunden mehr, bis
wir dich in dein neues Zuhause holen. Dein erstes
eigenes Zuhause. Ich freue mich schon so sehr auf dich
und hoffe, dass ihr weiterhin so gut vorankommt wie
bisher. Bald überquert ihr schon die Grenze zu Ungarn!
Also, eine gute Nacht. Dein Körbchen und wir
erwarten dich!
Noch einmal schlafen …
20:34

Junior:
Ich freue mich für euch. Du hast das so super mit
dem Großen hinbekommen, da kann sich die Neue
auf ein tolles Zuhause freuen.
20:39

Dankeschön.
20:41

BB:
Schön geschrieben … Sie weiß es noch nicht, dass
das beste Zuhause überhaupt auf sie wartet,
aber bald wird sie erfahren, wie schön das
Leben sein kann.
22:08

Das ist lieb, danke! Und eine gute Nacht!
22:11

Ist eigentlich noch jemand aufgeregt, außer mir?

22:12

Junior:

Natürlich, die Neue!

22:13

Natürlich!

22:15

BB:

Gute Nacht und gutes Gelingen morgen!

22:32

Guten Morgen,
die Hunde sind bereits in Deutschland. Der Transport
kommt gut voran. Die erste Übergabe hat auch
schon stattgefunden. Habe allen Baldrian, den ich
finden konnte, aufgekauft und konsumiert. Ich glaube,
jetzt hilft nur noch Schokolade.

06:23

Junior:

Guten Morgen und keep cool!

06:29

Das fällt mir gerade echt schwer. Seit viertel vor
fünf plingt das Handy und es gibt Infos über die
erfolgte und die anstehende Übergabe.

06:23

Junior:

Verstehe ich. Aber es dauert nicht mehr lange
und wenn es so weit ist, fällt die ganze Nervosität
wieder von dir ab. Also halt noch ein wenig durch.

06:25

Das mache ich.
06:36

Kollegin 1:
So, jetzt melde ich mich auch mal. Gute Fahrt
und alle Daumen sind gedrückt, dass alles wie im
Bilderbuch verläuft. Ich hoffe nur, dass du mit dem
Zehn-Minuten-Takt für die Schokolade hinkommst
und die Dosis nicht noch erhöht werden muss.
07:13

Guten Morgen,
das wird sich noch rausstellen.
07:15

[Bild eines großen Kastenwagens mit langem Radstand
und ohne Fenster.]
07:18

Für alle, die sich mal gefragt haben, wie die Wauzis unterwegs
sind.
07:19

Junior:
Kein Tageslicht?
07:20

Draußen?
07:20

Junior:
Nein, drinnen???
7:21

Tageslicht gibt's beim Pinkeln. Ansonsten haben die dort
bestimmt auch Beleuchtung drin.
07:22

Papa:
Moin, ich wünsche ein gutes erstes Treffen. Wann

geht's los?
07:23

Es gibt noch keine Hochrechnungen. Daher heißt
es aktuell noch Nachmittag bis früher Abend.
07:31

Kollegin 2:
Guten Morgen, ich drücke auch beide Daumen, dass
alles gut verläuft. Nun hast du die letzte Nacht auch
geschafft und nachher ist die kleine Maus bei euch.
Die letzten Stunden schaffst du. Und ansonsten weißt
du ja, was hilft …
Schokolade, Kekse, nein … Schokoladenkekse. ;o)
07:44

Verdammt, jetzt weiß ich, was ich gestern vergessen habe:
einzukaufen! Wie konnte das passieren?
08:11

Kollegin 1:
Dann mal los! Noch ist Zeit fürs Keksekaufen.
08:21

[Quatschbilder vom Großen, in denen er irgendwie immer
aus dem Bild rausrutscht.]
08:47

Ich habe versucht, Winke-winke-Bilder zu machen. Klappt
super, wie ihr seht. Wir gehen jetzt erst einmal eine große
Gassirunde. Ein vorerst letztes Mal alleine.
08:50

Kollegin 2:
Genießt es und weht nicht weg.
08:58

Noch gibt es keine Zeit für unseren Übergabeort. Aber gerade

kam die Info, dass sich die Zeiten nach hinten verschieben.
Aktuell hängen sie ein bis zwei Stunden im Zeitplan hinterher.
Dann wird es bei uns wohl Abend werden.

10:24

Junior:
Also doch noch Schoki kaufen.

10:28

Kollegin 1:
Ich dachte, das mit der Schoki und den Keksen
wäre längst erledigt? Oder war die Runde mit dem
Großen so lang?

10:37

Die Runde war so lang. Ich versuche es jetzt mal mit
Hausarbeit. Soll auch helfen. Ist zudem figurfreundlicher.

10:39

Junior:
Wie anständig du doch bist. Also von mir hast du
das nicht.

10:40

(Lachsmileys)

10:47

Es ist fast wie bei einer Wahl. Es gibt Prognosen und
Hochrechnungen. Unsere besagen, dass wir jetzt
losmüssen. Also, on the road.

15:40

Kollegin 1:
Gute Fahrt!

15:41

Junior:
Ich drücke die dumme

15:58

Junior:
Daumen meinte ich. (Affe mit Händen vor dem Gesicht)
15:58
Kollegin 2:
Gute Fahrt und alles Gute! (vierblättriges Kleeblatt)
16:00

Die Dummen kannst du auch gerne drücken. (diverse Smileys)
16:01

Aber ich weiß, was du meinst. Danke!
16:01

Wir sind jetzt seit halb sechs hier. Neue Prognose: 19:15 bis 20:45 Uhr.
18:21

Junior:
Habt ihr Decken und Kissen dabei?
18:23
Kollegin 1:
So ist das mit Hochrechnungen. Die Gastronomie
in der Nähe freut sich.
18:23

Nix Gastronomie. Überhitzte Gartenhütte.
18:24

Kollegin 1:
Gesellschaft? Irgendwas, was die Zeit vertreiben kann?
18:27

Ja. Es werden sechs oder sieben Hunde vermittelt.
18:28

BB:
Warten ist doof, aber irgendwann ist es sicher so weit.
18:47

Ich hoffe, dass ich nicht schreiben muss:

Noch einmal schlafen!
18:48

BB:
(Lachsmiley mit Schweißtropfen)
18:49
Kollegin 2:
Das hoffe ich auch nicht.
18:49

So, jetzt sind sie bald da.
19:20

Papa:
Kann man den Scheinwerfer des Transporters
schon sehen?
19:22

Hi, das wird alles noch ein wenig dauern. Die haben unsere
Hündin bereits woanders abgegeben.
Ich melde mich morgen wieder.
Gute Nacht.
20:58

Junior:
(entsetzter Smiley)
21:00
Kollegin 1:
(verzweifelter Smiley)
21:00
Liebe Ex-Kollegin:
Och Mensch, wie blöd …
21:01
Kollegin 2:
Ojeee, das tut mir sehr leid.
21:13

So, wir haben die Neue endlich bei uns im Auto und sind
nun auf dem Weg nach Hause. Puh!
22:46

Liebe Ex-Kollegin:
(klatschende Hände)
22:47
Junior:
Sehr cool. (lachender Smiley)
22:48

Wir sind endlich zuhause. Der Große hat ziemlich
unaufgeregt auf sie reagiert. Wir gehen jetzt schlafen.
Allen eine gute Nacht!
00:27

Kollegin 1:
Guten Morgen, dann ist ja jetzt alles gut. Und der
neue Alltag kann starten. Euch Vieren einen schönen
Sonntag.
07:06
Junior:
Moin, moin, wie geht's denn dem neuen Gespann?
07:20

So, dem einen oder anderen bin ich noch eine Schilderung
schuldig, was da eigentlich gestern passiert ist.
Die Neue ist bei der Herausgabe vertauscht worden. Wir
haben statt ihr einen fünf Monate alten Rüden in den Arm
gedrückt bekommen. Die Neue war derweil wieder in südliche
Richtung unterwegs, in das Zuhause des Rüden. So mussten
wir zusehen, dass wir mitten in der Nacht noch eine Übergabe
mit den anderen Adoptanten hinbekamen. Das war alles sehr
aufregend und langwierig, doch am Ende hat es noch geklappt.
Nun ist die Neue in ihrem richtigen Zuhause angekommen

und wir müssen uns erst gegenseitig kennenlernen. Sie war zuerst sehr unruhig und ist nur rumgelaufen. Jetzt ist es etwas besser. Sie schläft zumindest mal.

Schaut mal, ist die nicht süß?

10:37

Liebe auf den zweiten Blick

Hallo Trainerin,

ich würde mich freuen, wenn du dir einmal eine Hündin für mich anschauen könntest und mir sagst, welche Rassen du dadrin siehst. Ich bin leider so völlig ideenlos. Irgendwas mit Schäferhund-Mix???
http://xxxxxxx.info/cuta/
Im Übrigen riskiere ich gerade den ehelichen Frieden, denn diese Hündin möchte ich wirklich gerne haben. Ich finde, sie passt prima zu uns. ;o)

Vielen Dank schon einmal, ein schönes Restwochenende und liebe Grüße von einem hoffentlich nicht bald in Scheidung lebenden Frauchen!

Bevor unsere Entscheidung für die Bulgarin gefallen war, hatten wir uns eine andere Hündin angeschaut, die wir fast genommen hätten. Wobei, wenn ich „wir" schreibe, sollte vielleicht erwähnt sein, dass dieses Wir hart erkämpft war. Denn es hat einiges an Überzeugungsarbeit gekostet, dem Göttergatten ein Ja für einen zweiten Hund abzuringen.
Die Hündin hieß Cuta und befand sich bereits auf einer Pflegestelle in Deutschland. Wie der Zufall es wollte, lag die nur eine gute Stunde Fahrzeit von uns entfernt, so dass wir sie dort locker besuchen konnten. Es gab drei Paare, die sie an dem Tag kennengelernt haben. Drei Paare, die sich gleichzeitig aber auch dem Pflegefrauchen vorgestellt haben. Denn sie hatte im Endeffekt die Entscheidung darüber zu treffen, bei wem die Hündin ihr Für-immer-Zuhause bekommen sollte. Cuta war eine nette Hündin von etwa fünf Jahren, etwas zurückhaltend, aber ansonsten ganz reizend. Wir durften unseren Großen mit in den

Garten des Pflegefrauchens nehmen, wo er erst einmal alles abschnüffeln und markieren musste. Dann sind wir mit beiden Gassi gegangen. Eine gute Stunde später verabschiedete ich mich mit den Worten „Vielleicht bis bald" und streichelte Cuta ein letztes Mal durch das schmiedeeiserne Gartentor hindurch.

Nachdem wir das mittelgroße vielleicht ein bisschen Schäferhund-Mix-Mädchen kennengelernt hatten, durchlebte ich eine emotionale Achterbahnfahrt. Verfluchte Hacke, war das auf einmal kompliziert. Keine Ahnung, was ich da losgetreten hatte. Richtig schlimm wurde das Ganze mit dem Anruf des netten Pflegefrauchens. Ihre Wahl war auf uns gefallen. Sie hatte das Gefühl, dass hier die Chemie am besten gestimmt hat und Cuta bei uns und dem Großen ein gutes Zuhause haben würde. Mein Chemiebaukasten war derweil auseinandergefallen. Eigentlich hätte ich mich riesig freuen müssen. Das tat ich auch. Einerseits. Aber auf der anderen Seite überkamen mich Zweifel über Zweifel. War sie die richtige Hündin? Wollte ich sie wirklich haben? Wieso fand ich sie auf einmal nicht mehr ganz so bezaubernd wie auf den Videos und Bildern? Ich wusste es nicht. Auf einmal schien ich alles in Frage zu stellen, dem ich so lange entgegengefiebert hatte, worum ich so lange gekämpft hatte. Ich wollte einen zweiten Hund haben. Unbedingt. Jetzt konnte ich sie haben, und wollte sie nicht mehr? Ich bat mir etwas Bedenkzeit aus und nahm mir spontan einen Tag frei. Ich bin mit dem Großen in eines unserer bevorzugten Gassigebiete gefahren. Viel Wald, kaum Menschen. Viel mehr braucht es für mich manchmal gar nicht. Außer vielleicht einen zweiten Hund. Aber genau diese Frage galt es jetzt zu klären. Ich musste den Kopf frei kriegen. Ich musste mir über meine Gefühlswelt klar werden. Aber je mehr ich darüber nachdachte, desto schlimmer wurde es. Im Endeffekt habe ich mich gegen sie entschieden. Irgendwann musste ich die Frau der

Pflegestelle anrufen und ihr eine Rückmeldung geben. Tja, und wenn es kein klares Ja ist, dann ist es wohl eher ein Nein. Oder?

Die Bulgarin war somit erst die zweite Hündin, die es bis ins Finale geschafft hat. Wenn das Schicksal sich nicht das Genick gebrochen hat, als es lachend vom Stuhl gefallen ist, dann hat es da wohl seine Finger mit im Spiel gehabt. Aber vielleicht wird das Wort Schicksal auch einfach nur zu schnell bemüht.

Auf der Homepage, auf der ich unser kleines bulgarisches Knickohr entdeckt hatte, werden Hunde aus zig verschiedenen Vereinen und Tierheimen vorgestellt. Die Anzahl der zu vermittelnden Hunde aus dem In- und Ausland ist fünfstellig. Man kann sich vorstellen, dass die neu eingestellten Hunde eine Woche später schon wieder ein ganzes Stück nach unten gerutscht sind. War es Zufall, dass ich genau an dem Tag das Netz durchsucht hatte, als sie noch relativ weit oben stand? War sie einfach unsere Hündin und es sollte so sein? Das Bild der Bulgarin mit dem durchdringenden Blick hatte sofort meine Aufmerksamkeit auf sich gezogen. Neben ihrem Blick muss unsere kleine Bulgarin verdammt gute Connections zum Schicksal gehabt haben, dass sie über die zweitausendvierhundert Kilometer hinweg tatsächlich bei uns gelandet ist.

Viereinhalb Jahre zuvor kam mit dem Großen der erste Hund in unser Haus. Der Ehrlichkeit halber muss man sagen, dass auch der Große nicht die erste Wahl war. Zuvor hatte sich ein kleiner, lustiger Terriermischling in mein Gassigängerherz geschlichen. Eigentlich viel zu klein für meinen Geschmack. Doch er hatte mich mit seinem kecken Charme um sein Pfötchen gewickelt. Er hätte es fast in unser Zuhause geschafft. Zu der Zeit bin ich regelmäßig ins Tierheim gefahren, um Hunde auszuführen. Leider hatte es der kleine Rabauke nicht so mit Männern ab der Lebensmitte, weshalb ich ihn schweren Herzens wieder abgesagt hatte. Denn der Papa hätte der Gassi-Notnagel sein sollen. Die Umsetzung dieses Plans wäre schwierig geworden, wenn der struwwelige Zwölf-Kilo-Hund knurrend vor der Tür gestanden und den edlen Aushilfs-Gassigänger nicht reingelassen hätte. Aber genau danach sah es aus.

So sind wir beim Blick auf die aktuelle Tierheimbesatzung auf den Großen gekommen, der allerdings schon Bewerber hatte. Und auch hier hatte das Schicksal noch einmal seine spitzen Finger mit im Spiel. Denn es sorgte dafür, dass der Vermieter der anderen Interessenten kein Go sondern ein No für einen großen Hund in seiner Mietwohnung gegeben hat. So wurde der Weg frei für seinen Umzug in unser Leben. Als die nette Tierheimmitarbeiterin anrief, um mir das mitzuteilen, wurde meinem Herzen nach den ersten Freudenhüpfern noch einmal kurz bange. Denn sie fragte mich daraufhin, ob wir ihn dann heute abholen wollten. Ich musste verneinen, weil der Einzug des neuen Mitbewohners erst mit einem in drei Wochen erfolgenden Jobwechsel einhergehen sollte. So war der Plan. Daraufhin fragte sie, ob wir dann wenigstens heute noch einmal vorbeikommen wollten, um mit ihm Gassi zu gehen. Auch das musste ich verneinen. (Denken Sie sich an dieser Stelle das Affen-Emoji mit den Händen vor dem Gesicht. Oder besser drei davon.) Denn wir hatten Feierlichkeiten für den Tag geplant, in deren Vorbereitungen ich gerade steckte, als der Anruf kam. Hätte die nette Tierheimmitarbeiterin daraufhin gesagt, dass wir den Hund dann nicht bekommen könnten, wenn wir eh keine Zeit für ihn hätten, das Schicksal hätte mir bis zum Sankt-Nimmerleins-Tag gestohlen bleiben können. Zum Glück kam es anders und wir bekamen den besten Hund der ganzen

Welt. Auch er hatte eine lange Reise hinter sich, um sein Zuhause bei uns zu finden.

Ankommen im Für-immer-Zuhause

Natürlich hatten wir zuvor ein paar Informationen darüber eingeholt, wie eine Vergesellschaftung am besten vonstattengeht. Man sollte zuerst allein mit dem angeleinten neuen Hund den Garten abgehen und einmal den Zaun entlangschreiten. Wenn dann der vorhandene Ersthund hinzukommt, dürfen sie sich im Freilauf begegnen, mit genügend Ruhe und Platz zum Ausweichen. Dabei sollte man sich Zeit nehmen und den neuen Hund, aber auch beide zusammen gut beobachten. Wenn der vorhandene Ersthund den eigenen Garten allerdings als sein Reich betrachtet und sich bereits hat ins Grundbuch eintragen lassen, findet der erste Kontakt am besten auf neutralem Boden statt. So weit die Theorie in Kurzfassung. Tja, wenn man aber einen langen Tag, die viele Warterei und eine Rückfahrt zu nachtschlafender Zeit hinter sich hat, will man einfach nur noch eins – ins Bett. Dann passiert alles, nur kein Aufeinandertreffen wie im Bilderbuch. Um die Uhrzeit hätte ich auch keinen mehr aus dem Bett klingeln wollen, damit er uns in seinen Garten lässt. Wir hatten nämlich keinen sicher umzäunten im Angebot. Und die nächste größere Rasenfläche, die genug Platz zum Bogenlaufen geboten hätte, lag zu dieser Uhrzeit im Stockdunkel.

Daher haben wir den ersten Kontakt im Schnelldurchgang vorgenommen. Der Göttergatte ging ins Haus, hinter dessen Tür bereits unser aufgeregter Vierbeiner wartete. Derweil wollte ich an die Straße gehen, um zumindest ein wenig Distanz aufzubauen. Doch das Fellbündel an meiner Leine, das ich aus dem Auto gehoben und auf seine vier Beinchen gestellt hatte, blieb genau auf diesen an Ort und Stelle stehen. Sie schaute verunsichert in die Gegend und bewegte sich ansonsten nicht. Während ich noch versuchte, sie durch freundliche, leise Worte zu locken, stand auch schon unser Großer vor der Tür und in der Leine. Alles Interesse galt dem, was da neben mir stand. Der Göttergatte, eine stramme Leine und ein angespannter, aber zum Glück nicht unfreundlicher Rüde kamen auf uns zu, was ich in dem Moment so semi fand. Allein mir fehlten bessere Ideen. Und schwupps, schon hatte der Große seine Nase in ihr Fell gedrückt, während sie sich nun doch bewegte, nämlich rückwärts. Nichtsdestotrotz, der erste Kontakt war erfolgt. Und keiner wurde gefressen. Das war doch schon mal ein Anfang. Irgendwie habe ich es dann geschafft, sie zum Mitkommen zu bewegen, und wir bekamen sie sicher ins Haus. Ihr erstes richtiges Zuhause. Ihr Für-immer-Zuhause.

Wir haben Hundebetten und Liegeplätze für die Hunde. Von den Hundebetten gibt es für jeden eins. Sie stehen etwas abseits im Wohnzimmer, hinter dem großen Sofa. Hierhin können sich die Hunde zurückziehen, wenn sie ihre Ruhe haben wollen. Dort werden sie nicht vom Durchgangsverkehr gestört und sie werden in Ruhe gelassen. Zudem verbringen sie einen Großteil der Nacht darin. Von den Liegeplätzen gibt es mehrere, die im Haus verteilt sind. Hier liegt, wer sich gerade dort hinlegen will. Zudem werden die Hunde auf die türnahen Liegeplätze geschickt, wenn Besuch kommt. Die Kauartikel werden dort ebenfalls genüsslich verspeist. Gefühlt haben die Hunde so viele Möglichkeiten, sich auf ihren Plätzen abzulegen, wie wir Sitzgelegenheiten auf Stühlen und Sofas haben. Na ja, die sollen es ja schließlich auch bequem haben.
Als wir endlich alle drinnen waren, hat der Göttergatten einen kleinen Willkommenssnack gereicht. Sie hat sich das angebotene Leckerli in Lichtgeschwindigkeit geschnappt. Das war mit einem

Happs weg. Dann hat sie sich postwendend auf den nächstbesten Liegeplatz gestellt und angefangen zu pullern. Muss die Druck auf der Blase gehabt haben. Die hat gar nicht mehr aufgehört. Der Göttergatte stellte daraufhin fest, dass ich das aber ganz schnell hinkriegen müsste, dass die stubenrein wird. Also ich bin ja ein großer Freund von konstruktiver Kritik. Aber nicht um diese Uhrzeit. Und erst recht nicht, wenn stattdessen pragmatische Lösungen gefragt sind. Oder schlicht anpacken.

Mich trieb stattdessen der Gedanke um, ob sie wohl noch aufhört, bevor der See die Kellertreppe erreicht. Ich habe dann das Handtuch für die Hundepfoten genommen und einen kleinen Staudamm in Richtung Treppenhaus gebaut. Wir brauchten mehr Saugmasse.

Ich hatte mir vor ihrer Ankunft Gedanken darüber gemacht, ob ich die ersten Nächte wohl mit unten bei den Hunden schlafen sollte, um zu gucken, wie es mit den beiden läuft. Oder aber, ob das kontraproduktiv ist, weil sie dann Theater macht, wenn ich nach ein paar Tagen das Sofa satthabe und wieder oben im eigenen Bett schlafen möchte. Die Aussage der Hundetrainerin hierzu war eindeutig. Lass die bloß nicht alleine in der ersten Zeit. Das habe ich dann auch nicht getan. Nachdem ich ihren See, der die Ausmaße des Schwarzen Meeres angenommen hatte, trockengelegt hatte, wanderte ich mit meinem Bettzeug in Richtung Sofa. Die Hunde standen wie Falschgeld in der Gegend herum, der Große, weil da auf einmal ein unbekannter Vierbeiner mit im Haus war, und die Neue, na ja, weil für sie halt alles neu war. Was soll man da schon groß machen? Damit sie eine Idee davon bekam, was sie tun soll, ging ich zu ihrem neuen Körbchen, klopfte leicht drauf und sprach sie an. Und tatsächlich legte sie sich dort rein. Na, das ging ja leicht. Der Große hatte sein Falschgelddasein ebenfalls aufgegeben und schlummerte ein. Also legte auch ich mich und machte das Licht aus.

Ich schloss die Augen und war dankbar, dass im Endeffekt doch noch alles geklappt hat. Wir hatten unseren Neuzugang wohlbehalten zu uns geholt. Sie war aus ihrer gut zweitausendvierhundert Kilometer entfernten Heimat zu uns gekommen und auf der Strecke nur einmal kurz falsch abgebogen. Im Nachhinein betrachtet fand ich, das ging. Aus ihrem Körbchen nahm ich plötzlich ein leises Gefiepse wahr. Wie fremd muss das alles für sie gewesen sein? Wie einsam muss sie sich vorgekommen sein? Ach Mäuschen, du weißt es noch nicht, aber jetzt bist du zuhause.

#daswarsozwarnichtgeplantaberje tztisteshaltso

Chrap, chrap, chrap. Die Neue legte den Kopf schief und rannte auf den Großen zu. Dabei öffnete und schloss sie ihr Maul in kurzen Abständen. Chrap, chrap, chrap. War das kämpferisch? Angriffslustig? Übermütig? Spielerisch? Da die Neue halt neu war, wusste der Große das noch nicht so recht einzuschätzen. Zwar schreckt einen Aufpasser mit Türsteherqualitäten so schnell nichts. Auf der anderen Seite schien ihm ihr Verhalten suspekt zu sein. Daher ging er lieber stiften. Frauchen tat's einen Stich ins Herz. So war das nicht geplant. Eigentlich sollte der zweite Hund dem ersten als Sozialpartner dienen. Das malt man sich schön aus, wie die beiden Hunde miteinander spielen und anschließend erschöpft, aber glücklich im Körbchen aneinandergekuschelt schlafen. Leider sah das hier so gar nicht danach aus. Vom Kontaktliegen waren die beiden meilenweit entfernt.

Der Große zeigte kaum Interesse an ihr. Kam sie ihm zu nah, ging er weg. Selbst wenn ich ihn rief oder mit ihm kuschelte. Sobald sie in unsere Nähe kam, trottete er von dannen. Nach ein paar Tagen klagte ich der Trainerin mein Leid. Sie beruhigte mich. Wenn der Große erst einmal mitkriegte, dass man mit der Uschi auch spielen kann, dann würde das besser werden. Und, wie immer, sie hatte recht. Man konnte mit der Uschi spielen. Und wie man das konnte! Ein Spiel, das international in der Hundecommunity anerkannt ist, ist das Laufen. Das versteht jeder. Der Große liebt es zu flitzen. Und als wir ihnen das nach einiger Zeit gemeinsam auf einer eingezäunten Wiese ermöglichten, wurde er danach tatsächlich deutlich entspannter.

Zugegeben, uns war bewusst, dass wir ein Überraschungspaket bekommen würden. Schließlich haben wir eine Hündin zu uns geholt, die wir zuvor nicht einmal persönlich gesehen haben. Aber Überraschungen können unterschiedlich groß ausfallen. Es gibt Überraschungseier und es gibt den Sechser mit Zusatzzahl im Lotto. Und dazwischen gibt es eine ganze Bandbreite weiterer Überraschungen. Positive wie negative. Bei uns tendierte es eher in Richtung Hauptgewinn. Wir bekamen einen Haufen Aufgaben geschenkt, die wir zu bewältigen hatten. Sie war sozusagen ein Lerngeschenk. So ein Potpourri hatten wir nicht erwartet. Ich bin sehr froh und dankbar, eine Hundetrainerin wie die meine an der Seite zu haben. Ich weiß nicht, ob wir sonst alle Probleme so gut in den Griff gekriegt hätten.

Mit der Neuen konnte man nichts machen, was man mit einem Hund normalerweise so macht. Was wir mit dem Großen taten. Und damit meine ich nicht die Dinge, die sie noch nicht gelernt hatte, wie Sitz, Platz, Fuß und Pfötchen geben. Das musste sie natürlich erst beigebracht bekommen. Nein, sie musste noch das komplette Leben in einer zivilisierten Welt lernen. Autos, Hupen, kleine Menschen auf Dreirädern, Beachflags vor einem Bäckerladen. Sie kannte nichts davon. Entsprechend hatte sie keinen Plan davon, wie man damit umging, und reagierte mit Angst.

Sie war eine Vollkatastrophe auf vier Pfoten. Die ersten sechs Wochen waren besonders schlimm. Sie hat eigentlich täglich das Rückfahrticket nach Bulgarien gelöst. Das Schlimmste waren die

Gassigänge, und die sind eigentlich das Schönste, auf das ich mich jeden Tag freue, seitdem wir den Großen haben.

Sie wählte den Maximalabstand zu Menschen, drinnen wie draußen. Und wenn wir mal einen Hundekumpel vom Großen trafen, stand sie halt maximal weit hinten in der Leine, einzig, weil an der Leine des Hundekumpels auch ein Mensch dranhing. Der Große ging indes zu seinem Fellfreund. Da beide die Reichweite ihrer Leinen bestens ausnutzten, stand ich immer ein wenig wie gekreuzigt in der Mitte.

Sie hat geschafft, was der Große in viereinhalb Jahren nicht hinbekommen hatte, nämlich dass ich mich beim Gassigehen auf den Allerwertesten setze. Sie hat mich mit ihren zarten Kilos im wahrsten Sinne des Wortes von den Füßen geholt. In einer panischen Fluchtreaktion war sie erst hinter mich und dann seitlich weggerannt. Da ich mich zu ihr drehen wollte und auf sandigem Boden stand, tat der Zug der Hundeleine in der Kniekehle sein Übriges.

Zu ihrem Glück hat sie nichts zerstört. Ich befürchte, da wäre der Geduldsfaden des Göttergatten dann doch eher kurz gewesen. Oder dünn. Es ist eines, wenn die Ehefrau die Waschmaschine auf Tag- und Nachtbetrieb am Laufen hält. Wenn ich jedoch angefangen hätte, mit Pattex durchs Haus zu laufen und Türrahmen notdürftig wieder zusammenzuzimmern, wären aber ganz schnell ein Plan B, C, D oder auch E erforderlich gewesen.

Es gab diesen einen Moment, in dem ich für einen Augenblick ernsthaft erwogen habe, sie wieder abzugeben. Eigentlich war es vielmehr ein Gefühl als eine Überlegung. Wir gingen einen reizarmen Weg durch unser Wohngebiet, wo die Chancen hoch waren, dass wir auch mal zehn Meter am Stück gehen können. Ich musste gerade mit ihr beschäftigt gewesen sein, denn auf einmal ging das alles ziemlich schnell. Der Große stürmte los, weil er den furchtbar netten Spaniel im Garten auf der Ecke entdeckt hatte. Ich habe nie herausgefunden, was der Große gegen diesen wirklich lieben und ruhigen Rüden hatte. Doch seine bloße Existenz reichte in diesem Moment dafür aus, dass der Große mal wieder den Berserker gab und in die Leine stürmte. Diese war irgendwann zu Ende. Schließlich hing ich ja dran. Der Große hatte jedoch so viel Drive und sowieso nur noch maximal zwei Pfoten am Boden, dass er einen Salto mortale hinlegte. Die Hinterbeine schwangen durch und er klatschte mit dem Rücken auf den Boden. Ich weiß nicht, wer in dem Moment erschrockener war, er oder ich. Für eine Sekunde haben wir beide das Atmen eingestellt. Danach stand der Große auf, schüttelte sich einmal und ging mit gesenktem Kopf auf meine linke Seite. Er schien eingesehen zu haben, dass das eine ganz blöde Idee war. Und ich war heilfroh, dass, außer seinem Ego, nichts weiter einen Knacks abbekommen hatte.

All die Probleme, die wir im Alltag hatten, haben mich nie zu der Überlegung veranlasst, sie wieder abzugeben. Das Nicht-Gassi-gehen-können, dass sie in die Wohnung strullte, all ihre Ängste, die Gier und das Schnappen, selbst die Skepsis des Großen ihr gegenüber, da hatte ich irgendwie das Vertrauen, dass wir das händeln können. Mit Liebe, mit Konsequenz und vor allem mit der Zeit würde sich das bessern. Aber in dieser einen Situation hatte ich das Gefühl, wenn ich das Handling da draußen mit den beiden zusammen nicht hinbekomme, dann ist das zum Scheitern verurteilt. Klar, sie konnte nichts für die Situation. Doch all meine Aufmerksamkeit für sie ließ mich ihm gegenüber nachlässig werden. Der Grund lag also eher bei mir als bei ihr, der zu der kurzen Überlegung führte, sie wieder abzugeben. Aber der Salto mortale wiederholte sich nicht. Zum Glück. Der Große schien sowieso recht beeindruckt nach dieser Aktion gewesen zu sein. Zumindest für eine Weile gab er sich ein bisschen stiekum. Insgesamt war ich sehr vorsichtig in der Zeit danach, was das Führen der Hunde betraf. War ich mit dem Großen allein schon immer sehr vorausschauend unterwegs gewesen, so habe ich danach versucht, bereits um die Ecke zu schauen, obwohl wir noch gar nicht da waren. Und nach und nach entspannte sich das Ganze wieder.

In einem ganz schwachen Moment kann also mal die Frage aufploppen, ob man den haarigen Familienzuwachs wohl noch umtauschen kann. Dann, wenn man sich klar macht, dass die Wunschvorstellungen und die gelieferten Produkteigenschaften an vielen Stellen so gar nicht zusammenpassen. Aber genau wie bei dem eigenen Nachwuchs kann man das eher nicht. Oder sollte. Am ehesten lässt sich diese Frage noch bei einem Ehemann positiv beantworten. Da muss man lediglich klären, wo man den abgeben kann. Glück hat man, wenn Mutti den wieder zurücknimmt. Für die zwei- und vierbeinigen Schutzbefohlenen hingegen heißt es eher, da muss sich Mama oder Frauchen noch eine ganze Weile drum kümmern. Und wenn es so richtig gut läuft im Leben, dann gelingt das mit dem Göttergatten zusammen.

Neben all dem Chaos, das die Neue verbreitet hat, gab es aber auch eine sehr verletzliche und schutzbedürftige Seite an ihr. Als sie zu uns kam, war sie nicht nur deutlich zu dünn. Ihr fehlte es auch an Muskulatur. Speziell an den Hinterläufen war diese schlecht ausgeprägt. Sie konnte zwar laufen, aber sie sah aus wie John Wayne von hinten. Bei Hindernissen wurde es dann schwierig. Glatte Treppen steigen beispielsweise ging nicht. Aber auch so einfache Sachen, wie sich zu strecken, hat sie anfangs nicht hinbekommen. Kurz nachdem sie mit dem Vorderkörper runtergegangen ist, ist sie hinten zusammengebrochen. Krass fand ich, dass sie mit ihren Hinterbeinchen nicht einmal über die zwanzig Zentimeter ihres Körbchens steigen konnte, sondern sich darübergezogen hat.

In den ersten Wochen habe ich mich fast jeden Abend noch mit an ihr Körbchen gesetzt und sie gestreichelt. Wie sie die ersten Tage gehustet hat. Wie sie gestöhnt und gefiepst hat. Als ob sie endlich all den Schmerz loslassen konnte, der in ihr steckte. Das war herzerweichend. Sie drehte und wand sich unter meinen Berührungen. Aber ich durfte keine Sekunde aufhören, sie zu streicheln. Es war, als wollte sie mir jedes einzelne Fellbüschel entgegenstrecken, das in ihrem bisherigen Leben noch nicht berührt worden war.

Angstnasen

Zugegeben, der Begriff ist geklaut. Den hat die Trainerin mal für einen Kurs benutzt, den sie speziell für die Angstnasen in ihrer Hundeschule angeboten hat. Aber ich finde ihn sehr treffend. Und ich glaube, ich darf ihn gerne hierfür mopsen.

Auf der Homepage des Vereins, über den wir die Neue vermittelt bekommen haben, werden die Hunde in den wichtigsten Punkten beschrieben, also Fabrikat, soweit ersichtlich, Baujahr, soweit bekannt, gerne auch geschätzt, die Farbgestaltung, die Version (mini, midi oder maxi) und natürlich die Fabrikateigenschaften (Zipfel dran oder nicht, mit Bällchen oder ohne etc.). Dazu gibt es Bilder und wenn man Glück hat, noch ein kurzes Filmchen.
Wir suchten eine Hündin, die zum Großen passte und mit uns zusammen durch das Leben stapfen sollte. So stimmte uns der Abschnitt, der sich ihrem Wesen widmete, sehr positiv.
… Die Hündin wurde als Welpe vor dem Tierheim ausgesetzt. Sie ist sehr lieb und kontaktfreudig, sowohl zu Menschen als auch mit den anderen Hunden im Shelter. Sie freut sich unbändig, wenn man ihr Zeit und Aufmerksamkeit schenkt …
Das konnte sie alles sein, ja. (Wenn wir uns darauf einigen, dass das Wort „unbändig" Definitionssache ist.) Allerdings mit einer Einschränkung – ausschließlich beim Göttergatten und mir. Wir wissen nicht, was bei uns anders war. Aber bei wirklich allen Menschen, außer uns, war sie eine Bangebuxe in Hundegestalt. Niemand außer uns konnte sie anfassen. Und wir waren sooo froh, dass wir sie nicht tagtäglich unterm Sofa hervorziehen mussten, weil sie ebenfalls vor uns flüchtete. Doch erklären konnten wir uns das nicht. Daher waren wir einfach dankbar.

Ich denke wirklich nicht, dass der Verein ihre Eigenschaften und ihren Charakter absichtlich geschönt oder gar Unwahrheiten ins Netz gestellt hat. Die Beschreibung der Neuen war das, was die Mitarbeiter des ausländischen Tierheims oder die ehrenamtlichen deutschen Tierschützer gesehen haben. Vor Ort, in ihrem vertrauten bulgarischen Shelter, in dem sie die ersten dreieinhalb Jahres ihres Lebens verbracht hat. Punkt.

Ich gehe davon aus, dass die Meisten sich wirklich Mühe geben, um eine gute Einschätzung von den Hunden zu erlangen. Doch ich finde es liegt auf der Hand, dass die Hunde sich in Deutschland anders präsentieren können als in der kurzen Zeit, in der man sie in ihren vier Quadratmeter großen Zwingern oder einer Viertelstunde auf der Freilaufwiese begutachten konnte. Und alles, was nicht Welpe ist oder die ehrenamtlichen Helfer bereits schwanzwedelnd am Gatter begrüßt, ist vielleicht auch ein bisschen schwieriger in der Einschätzung.

Ein Tierschutzverein, den ich bei meiner Suche über das Internet und die sozialen Medien kennengelernt habe, leistet hier sehr gute Aufklärungsarbeit. In jedem Steckbrief der Hunde steht, dass den zukünftigen Adoptanten bewusst sein soll, dass der Hund sich im Tierheim anders verhalten kann als im neuen Zuhause. Außerdem können andere Situationen im neuen Zuhause auch andere Verhaltensweisen hervorrufen, als der Hund bislang im Tierheim gezeigt hat. Ich finde es gut und richtig, den potenziellen Adoptanten kurz noch einmal die rosarote Brille von der Nase zu nehmen. Hat man sich erst einmal in eine Fellnase verguckt, können diese Aspekte leicht in den Hintergrund geraten.

Wir hatten vorab ein Filmchen von ihr gesehen, das zeigte, wie sie von einer Ehrenamtlichen aus Deutschland gestreichelt wurde. Wenn man genau hinschaut, klemmt die Rute zwar auf dem Video auch, doch mit der Schnute holt sie sich Streicheleinheiten ab.

Keine Ahnung, ob es der Kulturschock zwischen bulgarischem Shelter und deutscher Zivilisation war oder aber ihre mangelnde Sozialisation, die sie zur Angstnase mutieren ließen. Vermutlich war es eine Mischung aus beidem.

Die Neue hatte zu Anfang, und das war ein sehr langer Anfang, vor ziemlich vielen Dingen Angst. Menschen im Allgemeinen, kleine Menschen im Besonderen, Menschen, die sich bewegen, Menschen, die auf uns zukommen, Menschen, die irgendwo rumstehen, Menschen, die im Auto sitzen, Autos, auch ohne Menschen, Schatten, die tanzen, Fahnen und andere Dinge, die sich im Wind bewegen, gelbe Säcke in der Einfahrt und Autospiegel, die sich plötzlich über ihr materialisieren. Die Aufzählung ließe sich fortführen und betraf so ziemlich alles, womit man beim täglichen Gassigang zu tun hat. Eigentlich traf sie auf alles in der Draußenwelt zu.

Es war alles so gruselig, dass sie auch nicht aus dem Auto aussteigen wollte, wenn wir irgendwo hingefahren sind. Eine Bewegung, ein Geräusch, ein Schattenwurf reichte, dass sie sich in die letzte Ecke gedrückt hat. Das hatte zur Folge, dass ich zu ihr in den Kofferraum kraxeln und mich unter sie schieben musste, damit ich sie hochheben konnte, weil sie einem Saugnapf gleich auf dem Boden des Kofferraums klebte. Ihre paar Kilos multiplizierten sich mit der Angst und wurden tonnenschwer. Sie war kaum noch anzuheben.

Und in meiner überschwänglichen Freude darüber, dass sie endlich einmal freiwillig aus dem Auto rausgekommen war, sprang sie auch schon wieder rein. Sie quetschte ihren Körper in die hinterste Ecke des Kofferraums. Tja, das war ein kurzer Ausflug.

Was für eine Erleichterung war es, als wir das erste Mal mit ihr in den Wald gefahren sind. Sie war ausgelassen, flitzte durch die Gegend, was die Leine hergab, und sprang über Baumstämme. Wir mussten uns sputen, um überhaupt mit ihr mithalten zu können. In der Natur, ohne Menschen und Zivilisation, gab es auf einmal nichts mehr, vor dem sie sich gruseln musste. Sie war eine völlig andere Hündin.

Die Welt wurde Stück für Stück ein bisschen besser, als ich anfing, eine große Party aus ihr zu machen. Mit Kamelle und Helau. Zu Anfang gab es rein gar nichts an ihrem Verhalten draußen, über das ich mich hätte freuen können. Also habe ich mich einfach über die rappelnden Autos gefreut. Kurze Zeit später hat sich auch der Große über die rappelnden Autos gefreut. Ich habe alles gefeiert, was gruselig war. Und das war, wie gesagt, eine ganze Menge. Die ersten Veränderungen waren bei dem Großen zu bemerken. Er schaute ab dem zweiten Tag bei jedem Geräusch, bei jedem Rappeln zu mir und erwartete einen Keks. Und ich habe, getreu dem Motto „Das ist eine Party wert!", dem Großen einen Keks gegeben. Die „Kekse" sind deren Trockenfutter und damit ging das auch in der Menge in Ordnung. Nach ein paar Tagen war das Prozedere in die Wahrnehmung des bulgarischen Angstnäschens gesickert und es gab einen zaghaften Blick. „Selbst wenn die Rute klemmt, einen Keks will ich auch." Und so wurde nach und nach aus einem „Oh, das ist gruselig, ich hab Angst!" ein „Oh, das ist gruselig, Angst, Keks?", dann ein „Das ist gruselig, Angst, Keks!" bis hin zu der Frage „Ist das auch ein Geräusch, für das es einen Keks gibt?". Dieser sehr individuelle Trainingsansatz funktionierte ganz nach dem Motto „Wenn der Große kaut, kann der eigene Keks nicht fern sein!". Und er funktionierte auch nur, weil sie noch in der Lage war, Leckerlis aufzunehmen. Viele Hunde können das in angstauslösenden Situationen nicht mehr. In großen Angstmomenten und bei Panik funktionierten auch bei der Neuen keine Leckerlis mehr. Da hätte ich ihr einen Sonntagsbraten vor die Nase halten können. Der wäre dann völlig irrelevant gewesen. Da gab es nur noch Flucht. Und wer flieht, kann nicht kauen.

Die Kekse wurden zu meinen besten Freunden. Sie waren meine Landungsbrücke bei ihr und der Spalt im Mauerwerk der Angst, durch den ich zu ihr vordringen konnte. Natürlich ist es nicht so, dass ich allein über die Kekse mit meinen Hunden kommuniziere. Sie hören und achten auch so auf mich. Der Große sowieso, und sie mehr und mehr. Aber die Kekse waren ein gut geeignetes Hilfsmittel, um in der Anfangszeit zu ihr durchzudringen. Ich nutzte ihre Gier als Gegenspieler zur Angst. So bekam ich eine Chance, das Bollwerk der Angst nach und nach zum Bröckeln zu bringen. Sie ließ sich darauf ein, mit mir zu arbeiten.

Zudem habe ich damit begonnen, mich wieder vermehrt mit dem Großen zu beschäftigen. Der Große liebt es beispielsweise, auf kleinen Mauern entlang zu balancieren. Das macht er gerne auch ganz ohne Aufforderung. Wir haben es häufig in unsere Spaziergänge eingebunden, bevor wir die Neue hatten. Oft gab es dann ein Stups, Pfötchen oder Küssi am Ende der Mauer.
Das habe ich einfach mal wieder gemacht und die Neue rechts stehen lassen. So konnte sie erleben, dass man auch kleine Übungseinheiten beim Gassigehen machen kann, die dem Großen offensichtlich Spaß machen. Es konnten also durchaus positive Sachen in der Draußenwelt passieren. Und am Ende des Ganzen gab es für sie sogar einen Keks. Coole Nummer. Keks kriegen, ohne dass man etwas dafür getan hat. Aber was hatte ich damit erreicht? Nach einiger Zeit hatte ich zumindest einen Zipfel ihrer

Aufmerksamkeit, wenn ich mit dem Großen unsere Übungen machte. Denn sie erwartete zumindest einen Keks im Anschluss. Und nach und nach konnte ich sie dann auch mit kleinen Sachen selbst einbinden. Was habe ich mich gefreut, als ihre Vorderpfötchen das erste Mal selbst auf der Mauer standen. Zu Anfang und ohne die Keksbrücke, über die ich sie geführt habe, wäre das undenkbar gewesen.

Eine ganze Zeit später habe ich eine Einzelstunde mit der Neuen bei der Hundetrainerin. Ich wollte, dass sie sich speziell meinen Umgang mit ihr anschaut und mir Tipps dazu gibt, was ich besser machen sollte. Wir kamen auch auf die Sache mit dem Feiern von Gruselreizen zu sprechen. Ich bekam die dringende Empfehlung, das sein zu lassen. Damit kann man einen Fuß in die Tür zur Wahrnehmung eines sehr ängstlichen Hundes bekommen, der vor lauter Gruseln nicht einmal ein Fitzelchen Orientierung an seinem Menschen hinbekommt. In der Tür darf man jedoch nicht stehen bleiben. Man sollte rasch weitergehen. Und die Neue war da nun auf jeden Fall so weit. Möglicherweise hatte ich meinen Ansatz zu lange verfolgt. Und wenn ich der Hundetrainerin glauben durfte, und der glaube ich so ziemlich alles, hatte ich sie damit ungewollt in ihren Verhaltensmustern bestärkt. (Nicht in ihrer Angst, aber in ihrer Lösungsstrategie.) Zwar waren wir deutlich weiter als zu Beginn. Aber möglicherweise wären wir noch weiter gewesen, wenn ich früher dazu übergegangen wäre, das Verhalten zu bestätigen, das ich eigentlich haben wollte, in ihrem Fall erst einmal einen Blick zu mir. Der Gedanke betrübte mich ein wenig. Denn ich hatte nur versucht, meinem kleinen Angstnäschen zu vermitteln, dass die Welt gar nicht so furchtbar gruselig ist, wie sie sie gerade empfand. Ich wollte ihr helfen, mit einer positiveren Stimmung in die Welt zu treten, um langfristig mit mehr

Gelassenheit durch sie zu wandeln. Doch manchmal führen die besten Intentionen nicht zwangsläufig zu den besten Trainingsansätzen. Andererseits hatte meine Party dazu geführt, dass wir das Haus auch nachts auf zwei Füßen und acht Pfoten verlassen konnten und ich sie nicht mehr vom Haus wegtragen musste, damit sie zumindest den Rückweg eigenständig geht.

Unterm Strich ist es müßig, sich auszumalen, wo man stünde, wenn man sich so oder anders verhalten hätte. Nun hatte ich die Chance, mein Verhalten zu ändern, damit ich zukünftig ihr Verhalten ändern konnte. Nicht nur sie musste sich entwickeln. Auch Frauchen und Herrchen durchlaufen eine Entwicklung, wenn sie einen Hund auf seinem Weg in ein souveränes Leben begleiten.

Natürlich habe ich mich mit BB auch mindestens auf einer unserer Wochenend-Wald-Gassirunden über dieses Thema unterhalten. Desensibilisierung heißt das Zauberwort. Eine behutsame Vorgehensweise in allen Ehren, aber irgendwann muss man den Hund auch mit den angstauslösenden Dingen konfrontieren. Selbstverständlich sollte man dies mit Bedacht tun. Doch wären wir immer nur so weit gegangen, wie die Neue keine Angst in der jeweiligen Situation gezeigt hat und noch weitestgehend entspannt war, wir hätten bis heute keinen Fuß vor die Tür gesetzt. Sie wäre nicht freiwillig aus ihrem Schneckenhaus herausgekommen, wenn ich sie nicht in die Welt geführt und ihr nach und nach bewiesen hätte, dass man da draußen nicht sterben muss. Das liegt nicht in der Natur des Hundes. Gut, über die Intensität dieser Konfrontation kann man unterschiedlicher Meinung sein. Aber dass es erforderlich ist, sie ein Stück weit damit zu konfrontieren, wovor sie Angst hat, damit sie diese überwinden kann, das ist, glaube ich, unbestritten. Und natürlich wäre sie auch nicht eines schönen Tages mit der Leine im Maul angekommen und hätte gesagt: „Hey Frauchen, heute bin ich so weit. Wollen wir dann mal rausgehen?" Das mussten wir uns schon gemeinsam erarbeiten.

Der Mensch kann sich entscheiden, sich zu überwinden, und versuchen, sich zu trauen. Er kann mit Blick auf die Zukunft eine mutige Entscheidung treffen. Und selbst der Mensch tut dies häufig genug nicht. Ein solcher Hund wird diese Entscheidung für sich nicht treffen. Er kann das große Ganze gar nicht einschätzen. Für einen solchen Hund, wie unsere kleine Bulgarin, ist die sicherere Wahl der Rückzug. Und was hat sie seitdem für eine Entwicklung gemacht. Das sagt jeder, der sie in ihren Anfängen gesehen hat.

Ich denke, sie wäre ziemlich schnell zufrieden gewesen, wenn wir das Haus nicht verlassen hätten, wenn sie ihr Geschäft im Haus hätte machen dürfen und wir niemals Besuch empfangen hätten. Ich glaube, dann hätte sie sich hier relativ schnell gut eingefunden. Doch so funktioniert das Leben nicht. Und wenn man sich selbst nicht in die komplette Isolation verbannen möchte, so ist man gut beraten, einen Weg zu finden, den Hund nach und nach mit rauszunehmen. Man muss ihm die Welt zeigen und ihn in diese integrieren. Ihm seine Ängste so gut es geht zu nehmen, ist dabei, ja ich finde, eine Pflicht. Theoretisch hätte ich sie auch im Haus lassen können. Doch wie viel Schönes hätte ich ihr damit auch genommen? Wenn wir nicht rausgehen würden, könnte sie sich nicht austoben, es gäbe keine langen Spaziergänge im Wald, keine Schnüffelspiele im Rasen und kein ausgelassenes Flitzen mit dem Großen. All das liebt sie und hierbei ist sie ein ausgesprochen lustiger Hund.

Aber nicht nur aufgrund der schönen Dinge, die man dem Hund vorenthalten würde, sehe ich es als die Pflicht von Herrchen und Frauchen an, sich um die Angstbewältigung des Hundes zu kümmern. Denn wie furchtbar wäre das Leben, wenn der Hund immer nur in dieser Angst verbleiben würde? Und nicht auszudenken, wenn man in eine Situation kommt, in der man die Rahmenbedingen nicht mehr halten kann. Das Leben ist nicht vollständig kontrollierbar. Was ist, wenn der Hund zum Tierarzt muss oder der Stromableser in den Keller? Das käme ja jedes Mal einem Nervenzusammenbruch für den Hund gleich. Es muss möglich sein, die begrenzte Welt nach und nach zu verlassen. Der Hund muss lernen, mit neuen Situationen umgehen zu können.

Wenn wir so einen Hund in unser Haus und unser Leben lassen, dann sind wir seine einzige Chance, um an dieser Situation etwas zu verändern. Auch wenn unsere niedliche Bulgarin niemals so souverän werden wird wie der Große. Aber einen großen Schritt in Richtung Entgruseln haben wir bereits geschafft. Natürlich weiß ich, dass es auch die Fälle gibt, wo es eine Fellnase aufgrund ihrer traumatischen Erfahrungen, ihrer mangelnden Sozialisation oder zu langer Isolation nicht schafft, aus dem Bollwerk der Angst zu entkommen. Manchmal sind die Mauern zu dick. Diese Hunde bedürfen eines besonders geschützten Umfelds, in dem sie ein gruselreizarmes Leben führen dürfen, das diese Bezeichnung auch verdient. Aber zu dieser Kategorie zählte die Bulgarin zum Glück nicht.

Es gab dann doch auch freudige Momente draußen. Nur wenige zwar, aber es gab sie. Auf einem morgendlichen Spaziergang trafen wir eine Nachbarin mit ihren zwei Hunden. Der größere von beiden, ein eurasischer Wuschel, und der Große kennen sich schon länger und sie verstehen sich prächtig. Dann kam ein freundlicher kleiner Rüde hinzu. Nun waren wir zahlenmäßig also wieder ausgeglichen. Als wir in Hörweite kamen, wollte ich schon erklären, dass ich aufgrund meines Bremsklotzes heute nicht so nah herankommen könnte. Doch da schoss auch schon etwas Braunschwarzes an mir vorbei, auf die Hundekumpels des Großen zu. Hätte ich es nicht besser gewusst, ich hätte gedacht, dass das unser Neuzugang war. Doch die traute sich das ja nicht. Was war jetzt passiert? Offenbar musste es nur das richtige Gegenüber geben. Die Nachbarin erzählte mir, dass viele Hündinnen auf ihren unkastrierten Eurasier abfahren würden. Meine schien ihn ebenfalls ganz toll zu finden, denn sie stand nicht nur vorne in der Leine, sie fiepste und bellte dazu in hohen Tönen und sprang hin und her. Wie ein aufgeregter Flummi. So hatte ich sie in Gegenwart anderer Menschen noch nicht erlebt. Ich war so begeistert, dass ich die Situation in einem kleinen Video festhielt und der Hundetrainerin schickte. Ihre Reaktion darauf war die freudige Feststellung „Ein ganz normaler Hund!". Na Gott sei Dank, zwischenzeitig waren daran schon Bedenken aufgekommen.

Einen Schub in der Entwicklung hat die Neue gemacht, nachdem wir mit ihr und dem Großen im Sommerurlaub waren. Wir waren auf einer Insel mit traumhaft schönen, endlosen und menschenleeren Sandstränden, wo die Hunde ungezwungen und frei flitzen konnten. Im Endeffekt wissen wir nicht, ob es das war oder was auch immer ihr dabei geholfen hat, ein bisschen gelassener durch den Alltag zu gehen. Aber wir haben festgestellt, dass die Gassigänge besser liefen als zuvor. Als ich mich mit einer Frau aus der Hundeschule darüber unterhielt, die ebenfalls eine ängstliche Hündin hatte, erzählte sie mir, dass bei ihr genau das Gegenteil der Fall war. Ihre Hündin war erst einmal gehörig durch den Wind, wenn sie aus dem Urlaub zurückkam. Und es brauchte eine Zeit, bis sie wieder auf den Stand von vorher zurückgekommen war. Wir hingegen wollten den alten Stand gar nicht mehr zurückhaben. So ist das mit der Angst. Sie kommt in sehr unterschiedlichen Gewändern daher.

Der Große vertraut uns. Wenn mal etwas zu Boden scheppert, fällt er nicht gleich aus dem Fell. Je nach Schwere zuckt er zusammen oder geht einen Schritt beiseite. Aber grundsätzlich weiß er, ihm passiert bei uns nichts. Menschen lassen mal etwas fallen. Sie sind halt etwas ungeschickt. Das gehört zum Leben. Ganz anders die Neue. Wenn da mal etwas herunterfällt, springt sie sofort fünf Meter auf Abstand. In einem Satz. Da hätte sie auch Gepard werden können. Tiger, Gazelle, Reh, whatever. Auch sie vertraut uns in vielen Belangen. Aber sie ist einfach schreckhaft und agiert nach dem Motto: „Vorsicht siegt." Und der Große hat zudem fünf Jahre Vertrauensvorteil.

Ein halbes Jahr nachdem die Neue bei uns eingezogen ist. Ich öffne die Tür eines Hängeschranks in der Küche, just in dem Moment, als die Neue um die Ecke kommt. Sie guckt hoch zur Tür, erschrickt furchtbar und flüchtet ins Wohnzimmer. Ich rufe sie. Sie kommt nach einigem Zögern bis zur Ecke der Küche, guckt hoch, erschrickt wieder, weil die böse Tür immer noch offen steht, und rennt erneut ins Wohnzimmer. Ein weiteres Mal kommt sie nicht auf mein Rufen. Also muss mal wieder Plan B her oder in diesem Fall Plan souveräner Ersthund. Ich setze mich, mit Keksen bewaffnet, auf den Küchenfußboden. Ich rüttele ein wenig an der Dose. Der Große kommt freudig in die Küche. Kekse hätte er um diese Uhrzeit nicht mehr erwartet. Die Neue kommt ebenfalls in die Küche, nicht jedoch, ohne die Hängeschranktür skeptisch im

Blick zu behalten. Dann fange ich in aller Seelenruhe an zu füttern. Der Große, die Neue, der Große, die Neue …

Bei der Neuen: Keks, gucken wie verschrecktes Reh, Keks, gucken wie verschrecktes Reh …

Ich weiß nicht, ob sie in dem zurückliegenden halben Jahr nicht mitgekriegt hat, dass sich Schranktüren öffnen können. Oder ob sie jetzt Angst hatte, dass das Haus auseinanderfällt.

Die Gassi-Angst

Sollte ich jemals einen Artikel in einem Fachbuch über Angst bei Hunden schreiben, dann würde ich eine neue Disziplin aufmachen: die Gassi-Angst. Als der Göttergatte einen Blick auf die Kapitelüberschrift wirft, fragt er, warum ich denn Angst vorm Gassigehen hätte. Ich strafe ihn für diese unqualifizierte Nachfrage mit einem strengen Blick. Streng gucken kann ich, seitdem ich mit einem ab und an pöbelnden Kraftprotz auf vier Pfoten unterwegs bin. Natürlich geht es nicht um meine Ängste, sondern um die unseres Neuzugangs.

Unser Gassi gehen in den ersten sechs Wochen sah so aus, dass wir eigentlich gar nicht Gassi gegangen sind. Natürlich waren wir draußen und wir haben uns auch irgendwie bewegt. Also manchmal. Aber Gassi gehen im klassischen Sinne konnte man das nicht nennen. Denn sobald wir draußen waren, stand sie und hat das Muli gegeben. Sie war nicht bereit, sich eigenständig auch nur einen Fitzel fortzubewegen. Wir sind also eher Gassi gestanden. Unser Streckenrekord betrug einmal eine Dreiviertelstunde für einen Weg, für den ich mit dem Großen allein nur zehn bis zwölf Minuten gebraucht hatte. Je nach Ampelschaltung.

Tag für Tag hieß es, Leine leicht auf Spannung halten, zwischendurch mal zuppeln, um daran zu erinnern, dass das Thema Fortbewegung war, und wenn gar nichts mehr ging, auch mal dezent ziehen. Es tat dem empfindsamen Frauchen-Herz schon weh, wenn ich mit gespannter Leine dastand und die komplette Körpersprache des Hundes verdeutlichte, wie wenig sie das jetzt hier mochte. Aber irgendwann mussten wir uns mal wieder bewegen. Ruckzuck ist Winter. Der Große kann das ja begrüßt haben und sich auf den nächsten Schnee gefreut. Der kommt nämlich ursprünglich aus kälteren Gefilden. Ich selbst wäre jedoch vor dieser Saison gerne wieder zuhause angekommen. Zumindest, um mir eine wärmere Jacke zu holen. Und nicht Gassi gehen war schließlich auch keine Lösung.

Ich habe die Neue in den ersten Wochen über Hauptverkehrsstraßen getragen, da es zu gefährlich gewesen wäre, wenn sie dort gescheut und den Rückwärtsgang eingelegt hätte. Und stehenbleiben, bis sie in der Lage ist, wieder eigenständig mit mir mitzukommen, wäre wahrscheinlich auf wenig Verständnis bei den Autofahrern gestoßen. Aber nicht nur in diesen Situationen habe ich sie getragen. Grundsätzlich hieß es: bei befahrenen Straßen – Hund tragen, am gruseligen Kindergarten vorbei – Hund tragen, am obergruseligen Spielplatz vorbei – Hund tragen. Wäre ich in einem Fitnesscenter gewesen, ich hätte mich abmelden können. Mein Krafttraining habe ich in den ersten Wochen definitiv auf unseren Gassirunden absolviert. Bevor wir sie hatten, hätte ich gesagt, dass wüsste ich aber, dass ich meinen ansonsten gesunden Hund mal tragen werde. Na ja, ich wusste es offensichtlich nicht. Schlimmer noch. Ich muss ja gestehen, dass ich, bevor wir die Neue hatten, ab und an mal über Menschen geschmunzelt habe, die ihre Hunde durch die Gegend tragen. Schließlich haben diese vier Beine, mit denen sie eigenständig laufen können. Zugegeben, die Problematik lag in unserem Fall nicht im Können, sondern im Wollen. Und an dieser Stelle möchte ich Abbitte leisten bei all denen, über die ich zu Unrecht geschmunzelt habe. Sicherlich gibt es auch noch weitere Gründe, warum man mal Menschen sieht, die ihre Hunde tragen, auch wenn diese vier Beine zum Laufen haben. Mea culpa.

In einem sehr guten Erziehungsratgeber habe ich folgenden Tipp gelesen: Wenn der Hund nicht mitkommen möchte, gibt man ihm Zeit und die Schultern geben die Richtung vor. Wenn der Hund so weit ist, wird er einem folgen. In der Praxis bedeutet das, dass man den angeleinten Hund lässt, wo er sein will, und man selbst richtet sich zum Gehen aus. Somit zeigen die Schultern dorthin, wohin man gehen möchte, bis der Hund sich dann entscheidet mitzukommen. Also meine Schultern hätten in der Zwischenzeit ein festzementiertes Autobahnschild in unserer Einfahrt geschaffen. Vierspurig. Die Neue kannte diesen Erziehungsratgeber offensichtlich nicht. Denn sie bewegte sich mit dieser Herangehensweise nicht. Nicht mal ein Stückchen. Vielleicht habe ich auch einfach zu früh aufgegeben. Doch die Nachbarn haben sich zu der Zeit schon gefragt, warum ich morgens so lange bewegungslos in unserer Einfahrt stehe. Ich habe mal eine halbe Stunde mit beiden Hunden in der Einfahrt gestanden, weil sie sich nicht vom Hof bewegt hat. Ich wollte einfach einmal testen, wie lange sie ihren Widerstand aufrechterhält. Testergebnis: Sehr lange.

In demselben Ratgeber habe ich einen anderen Tipp gelesen, der im ersten Moment etwas merkwürdig rüberkommen mag. Bitten Sie Ihren vorhandenen Ersthund um Hilfe. Indem er Sie dabei unterstützt, dem neuen Hund zu zeigen, wie hier alles funktioniert, gibt man dem Ersthund das Gefühl, wichtig zu sein. Er wird gebraucht. Das finden wir Menschen ja schließlich auch schön, nicht? Kurz und gut, ich habe das getan. Ich habe den Großen gebeten, mir mit der Neuen zu helfen. Anlässe gab es genug. Und statt zwei Hunde draußen zu managen, habe ich den Großen mit eingebunden. Wie das funktioniert? Wenn sie sich mal wieder partout nicht von der Stelle bewegen wollte und ich aber doch noch den alten Park zum Gassigehen erreichen wollte, habe ich sie auf den Arm genommen, ihm erzählt, dass er mich jetzt unbedingt unterstützen müsse und mit ihm im Fuß die Strecke bewältigt. Seine Leine hing mir dabei lediglich als Schärpe um die Schultern. Und wissen Sie was? Das hat mal gar nicht so schlecht funktioniert.

Das Gassigehen als solches hat ja mehrere Funktionen. Neben der Bewegung und der gemeinsam verbrachten Zeit ist das Geschäftliche einer der Hauptgründe. Lösen kann man sich aber nur, wenn man relativ entspannt ist. Versuchen Sie mal zu pullern, wenn der Chef in der Unisex-Toilette neben Ihnen in Hörweite sitzt. Die Frauen unter uns wissen, was ich meine. Das geht nicht. Der Neuen ging es ähnlich. Gut, da war es nicht der Chef. Da waren es grundsätzlich alle Menschen, außer dem Göttergatten und mir. Deswegen sind wir Mädels des Öfteren gemeinsam zum Pinkeln gegangen. Ich natürlich nicht in der Öffentlichkeit. Wie hätte das auch ausgesehen? Ich habe sie lediglich begleitet. Wir sind dann einen großen Bogen über eine Wiese gegangen, damit es endlich einmal laufen konnte.

Wer mich so gehört hat, wenn ich mit den beiden unterwegs war und wie ich versucht habe, die Neue in ihrem Verhalten zu fördern und positive Ansätze zu bestätigen, hätte mir auch schon mal einen leichten Hau attestieren können. Manchmal kam ich mir vor wie eine Mischung aus Sportmoderator und Entertainer. Sehr wichtig war und ist bei alledem immer die Stimmlage. Ich musste die Sachen spannend machen, aufregend und definitiv so formulieren, dass man da eigentlich nur mitmachen möchte.

Und heute? Heute ist es zum Glück schon viel, viel besser. Sie geht mit uns mit, egal ob bei Tag oder bei Nacht. Zwar gibt es immer noch einige Situationen, in denen sie sich ängstlich verhält oder schreckhaft ist. Und manchmal bockt sie nach wie vor und will nicht weitergehen. Aber in der Regel bekomme ich sie dann doch mit, wenn ich sie auffordernd anspreche und ihren Namen mit leichtem Singsang rufe. Nach wie vor geht sie nicht gerne zu Menschen. Meist ist ihr ihre Angst weiterhin deutlich anzusehen. Aber sie geht zu ihren Futterbeuteln. Wenn wir mal jemanden aus der Hundeschule beim Gassigang treffen oder den einen oder anderen aus der Nachbarschaft, der einen Jutebeutel dabei hat, dann geht sie tatsächlich hin, schaut auf den Beutel, schaut den Menschen an und scheint zu fragen: „Was hast du da? Ich will das haben!" Von entspannt oder gar vertrauensvoll sind wir noch weit entfernt. Aber der Anfang ist gemacht.

Die Schrecken der Nacht

Eine besondere Herausforderung stellten die spätabendlichen Gassigänge dar. Denn dann war es dunkel und noch einmal um ein Vielfaches gruseliger. Und wenn alles so dermaßen gruselig ist, dann gibt es zwei Probleme. Zum einen kann man sich nicht mehr bewegen. Und zum anderen bewegt sich auch sonst nichts. Klartext: Pipi machen war nahezu unmöglich.

Nun ist so eine Winternacht recht lang und das Haltevermögen einer Blase endlich. Daher musste ich mir zwangsläufig Strategien überlegen, um diesem Dilemma zu entkommen. Also habe ich eine Gassistrecke für spätabends ausgearbeitet, die einen möglichst geringen Gruselfaktor aufwies. Und die sind wir dann Abend für Abend gegangen. Ohne Ausnahme. Sehr zum Leidwesen des Großen. Immer die gleiche Strecke zu gehen, schaffte eine Routine, die Sicherheit gab, gegen die Angst und für die Hoffnung, dass sie endlich mal pullern könnte. Das war gerade in der Nacht wichtig. Waren die Menschen tagsüber schon ein Hinderungsgrund, die Schrecken der Nacht waren noch einmal eine andere Hausnummer. Der Große fand das sterbenslangweilig. Er schaute bei jeder Abzweigung, teils hoffnungsvoll, teils vorwurfsvoll, ob wir da heute bitte endlich mal abbiegen könnten.

Ich bin mit Trainingspads bewaffnet rausgegangen, in der Hoffnung, dass sie sich vielleicht daran erinnert, dass sie drinnen ebenfalls hierauf gepinkelt hat. Außerdem haben sie Ähnlichkeiten mit der Oberfläche der Liegeplätze, die sie sich ja bevorzugt zum Pinkeln aussuchte. Vielleicht würde sie das irgendwie miteinander in Verbindung bringen. Tat sie nicht. Dafür habe ich noch etwas mehr mit mir herumgeschleppt. Ich bin sowieso immer schon so ausgestattet, dass ich auch spontan das Land verlassen könnte. Das stellte zumindest die Trainerin mal fest, mit Blick auf meine Umhängetasche, die diverse, gassierprobte Utensilien beinhaltet. Erste-Hilfe-Set für den Hund? Kauartikel zum Entstressen? Super-Leckerli, Zergel oder Pflaster für die kleinen Missgeschicke? Kein Problem. Alles dabei. Da machte so ein sechzig mal sechzig Zentimeter großes Trainingspad, das aus der Gesäßtasche heraushing, auch nichts mehr aus. Ach so, und nicht zu vergessen die neue Hündin, die ich natürlich auch nachts streckenweise mit mir herumschleppte.

Hat sie total das Muli gegeben, dann habe ich sie manchmal abends einfach genommen und ein Stück weit von Zuhause weggetragen. Dann musste sie ja zumindest zurücklaufen. Prinzip Hoffnung. Das hat sie auch getan, und zwar AQAP, also as quick as possible. Dazu geführt, dass sie sich lösen konnte, hat es im Endeffekt aber auch nicht. Sie wollte einfach nur auf dem schnellsten Weg nach Hause. Zwischenstopps verboten, Pipi machen untersagt. Es hieß einzig und allein: zurück zum sicheren Hafen.

Wenn das mit dem Pipimachen nachts überhaupt nicht klappen wollte, dann bin ich zusätzlich alle möglichen Orte abgegangen, wo es mal geklappt hat. Der Große war begeistert. Endlich noch eine andere Strecke. Und wenn wir dann am letzten Ort angekommen waren, im heimischen Garten hinterm Haus, und sie dort immer noch wie ein verschrecktes Reh stand, war klar: Das wird heute nichts mehr. Dann hieß es Alternativen abwägen. Ein Blick auf die Uhr, noch vor Mitternacht, ja, da könnte man noch in den Wald fahren. Gut, das könnte man prinzipiell auch nach

Mitternacht. Dunkel ist dunkel. Also schnell noch die Taschenlampe checken, ob die Batterien ausreichen ...

Eigentlich ist alles nur eine Frage der Zeit. Entweder zu nachtschlafender Zeit in den Wald fahren oder putzen am frühen Morgen. Dann lieber noch einmal in den Wald fahren. Wer will schon schlaftrunken den Feudel schwingen?

Was die Nachbarn wohl über mich gedacht haben in der Zeit? Völlig wumpe. Wenn man sich in einer solchen Situation befindet, ist es herzlich egal, was die Leute über einen denken. Hauptsache, man findet überhaupt irgendetwas, das funktioniert.

Zu der Zeit habe ich begonnen, das Pipimachen zu konditionieren. Ich habe jedes Mal in genau dem Moment, in dem sie sich hingehockt hat, das gleiche Wort gesagt und sie gelobt. Wieder und wieder. Das braucht zwar etwas Zeit, aber irgendwann funktioniert das. Vorausgesetzt, es ist überhaupt Druck auf der Blase vorhanden. Und die Gruselreize sind nicht zu groß. Aber auch dann hilft es, daran zu erinnern, warum man überhaupt draußen ist. Für das Konditionieren des Pipimachens sollte man ein Wort nehmen, mit dem man sich wohl fühlt. Ja, meine Herren, hören Sie auf, mit den Augen zu rollen. Ich habe meins tatsächlich noch einmal gewechselt. Ich kam mir dann doch ein bisschen blöd vor, jedes Mal „lulu" zu sagen, wenn ich neben dem pinkelnden Hund stand.

Der ersehnte Moment. Endlich ist es so weit. Es scheint, als ob sie sich hinhocken möchte. Und man denkt sich „Yesss!", doch dann kommt ein telefonierender Radfahrer am Grundstück entlang oder ein Auto entdeckt mit quietschenden Reifen das Stoppschild, und schon ist der magische Moment vorbei, auf den man so lange hingearbeitet hat. Trommelwirbel, Tusch – nein, der Tusch war schon zu viel, schade.

Wenn sie abends doch Pipi gemacht hat, war das eine Erleichterung, also bei ihr und für mich. Ich musste mich beherrschen und meiner Freude nicht zu sehr Ausdruck geben. Ein überschwängliches Lob führte im Endeffekt nur dazu, dass ich sie entweder verschreckt habe oder ihre Erwartungshaltung geweckt. Vielleicht könnte es ja auch einen Keks geben, wenn Frauchen sich so freut? Beides wäre nicht hilfreich gewesen und hätte die zarten Erfolge wieder zunichtegemacht.

Doch nicht erst draußen war es schwierig, schon allein das Rausgehen war ein Akt für sich. Irgendwann hatte sie sich dazu entschlossen, nachts keine Pfote mehr vor die Tür zu setzen. Draußen war blöd. Und sie stellte jegliche Form von Mitarbeit ein. Ich habe sie einige Male aus ihrem Körbchen herausheben und auf ihre vier Pfoten stellen müssen. Sie hat noch nicht einmal mehr mit einem Blick reagiert, wenn ich sie angesprochen, gelockt oder gerufen hatte. Die Steigerung davon war, dass sie wieder zusammengebrochen ist, sobald ich sie losgelassen habe. Zwischenzeitig war ich mit meinem Latein echt am Ende und mit den Nerven zugegebenermaßen auch. Aber aufgeben gilt nicht. Also habe ich einmal gefilmt, wie ich sie in ihrem Geschirr auf der Seite liegend zaghaft über die Fliesen gezogen haben. Auch hier kam keine Reaktion mehr. Sie hat schlicht nicht mehr mitgemacht. Das Filmchen war für die Trainerin gedacht, um ihr zu verdeutlichen, dass wir dringenden Handlungsbedarf hatten. Das sah sie auch so und konnte zum Glück sachdienliche Hinweise geben. Zuallererst sollten wir mal das Geschirr dranlassen und nicht immer wieder ausziehen. So wurde es zumindest etwas einfacher, überhaupt in einen startklaren Zustand zu gelangen. Einem liegenden Hund ein Sicherheitsgeschirr anzuziehen, ohne beim Hund etwas abzubrechen oder selbst einen Rückenschaden davonzutragen, ist nämlich gar nicht so einfach.

Auch wenn sich im Vergleich zur Anfangszeit schon vieles zum Positiven verändert hat, die Gassigänge bei Dunkelheit bleiben heikel. So gibt es ein paar Rituale, die wir uns bewahrt haben und die auch heute noch sehr hilfreich sind. So spielen wir nach wie vor „Wer ist Erster?", wenn wir abends Gassi gehen. Das heißt, ich formuliere die Frage „Wer ist Erster?" spannend wie eine Quizfrage um die eine Million, während wir alle drei vor der Tür stehen. Und dann laufen wir gemeinsam los, vom Treppenabsatz bis zum Bürgersteig. Anschließend gibt es Sieger-Kekse, für den ersten Ersten und für den zweiten Ersten. Gut, dass ich immer als Dritte über die Ziellinie komme. Ich mag nämlich keine Hundekekse. Der Neuen hilft diese Dynamik ungemein, erst einmal loszukommen. So kommt sie gar nicht auf die Idee, dass es heute mal wieder zu gruselig sein könnte und sie bereits beim Treppenabsatz das Muli geben müsste.

An einem Sonntagnachmittag gingen wir zu viert Gassi, der Göttergatte, der Große, die Neue und ich. Wir machten westfälische Reihe, was heißt, dass der Göttergatte mit dem Großen loszuckelte und ich mit der Lady. Das heißt, ich wäre gerne, denn Mylady blieb auf dem Absatz stehen und rührte sich nicht. Keine Ahnung, welcher gruselige Grashalm sie jetzt schon wieder störte. Was nachts funktionierte kann auch nachmittags nicht schaden, dachte ich mir, und brachte mich in Startposition. Ich schaute sie an und fragte im Tonfall eines Stadionsprechers vor dem Hundert-Meter-Lauf Wer --- ist --- Erster??? Damit spurtete ich los, die Neue hinterher. Ein Glück. Es funktionierte auch tagsüber. Bei der Männerriege angekommen bemerkte ich den fragenden Blick des Göttergatten. Als ich ihm erklärt hatte, was ich da gemacht hatte, lobte er mein Engagement. Er meinte, wenn ich die Strecke nach und nach ausbauen würde, könnte ich die Morgenrunde in einer halben Stunde schaffen und nachmittags wäre ich auch nicht mehr länger als eine Stunde unterwegs. Das wäre zudem ein hervorragendes Lauftraining. Mein dezenter Einwand, dass die Hunde ja nun Gassi geführt werden, damit sie ihr Geschäft verrichten können, wurde abgetan. Man könne schließlich nicht alles haben. Männerlogik!

Das große Fressen oder „Achtung, Piranha!"

Dass wir einen kleinen Gierschlund bekommen hatten, war bereits in den ersten Stunden des Zusammenlebens offensichtlich. Der Göttergatte meinte es gut und reichte ihr zur Begrüßung nach dem langen Transport einen Willkommenssnack. Sie schnappte sich den Fleischstreifen derart hastig, dass der Göttergatte seine Finger nur knapp in Sicherheit bringen konnte. Nicht nur dieser Willkommensgruß wurde in größter Hektik und Gier verschlungen. Auch jedes Bröckchen Futter, das wir ihr den Tag über aus der Hand gaben, wurde zum Geschicklichkeitsspiel für uns. Ziel des Spiels war es, seine Hände in Windeseile aus dem Gefahrengebiet zu bringen. Das Wort Handfütterung bekam eine völlig neue Bedeutung. Einmal hieß es für den Göttergatten Mööööt – leider verloren! Da war die Reiz-Reaktions-Spanne zu lang. Der Trostpreis war ein Pflaster für den Daumen.

Uns war klar, dass wir die erste richtige Mahlzeit, die die Neue aus dem Napf bekommen sollte, zu zweit durchführen mussten. Der Große hatte weder Futterneid noch Futteraggression. Doch wie würde sich unser gieriger Neuzugang verhalten, wenn sich ein anderer Hund in Napfnähe befand? Sicherheitshalber fütterten wir einen nach dem anderen. Sie fiepste und winselte und jammerte, als ich das Futter zubereitete. Man hatte das Gefühl, dass sie gleich sterben müsste, wenn sie nicht zum Napf gelänge. Dabei sprang sie in den Armen des Göttergatten und versuchte, sich herauszuwinden. Sie wollte sooo dringend dorthin gelangen. Sie gab nach Leibeskräften, was ihr kleiner ausgemergelter Körper halt so hergab. Als der Große vor ihr sein Futter bekam, geriet sie schier außer sich. Völlige Verzweiflung ging von diesem kleinen Tierchen aus. Als sie endlich dran war, verleibte sie sich mit drei gierigen Happs fast die Hälfte ihres Trockenfutters ein. Mit dem nächsten Atemzug würgte sie es zurück in den Napf. Das Fressen an sich dauerte kaum länger als fünf Sekunden.

Als ich meiner Ansprechpartnerin aus der Tierschutzorganisation gegenüber ihre ungeheure Gier ansprach, meinte sie, dass man im Shelter den Eindruck gehabt hatte, dass sie sich aufgeben würde. Aufgeben bedeutet gemeinhin, dass die Hunde apathisch werden, kaum noch Anteil nehmen, einfach nur noch herumliegen, ins Leere starren und kaum noch fressen. Am Ende sterben sie.
Also ehrlich, von aufgeben und kaum noch fressen konnte keine Rede sein. Von der ersten Sekunde an nicht.
An dieser Stelle sei vielleicht einmal erwähnt, dass sie in einem ziemlich spackeligen Zustand zu uns kam. Und auf Bildern aus dem Herbst, bevor sie zu uns kam, sah sie sogar noch schlimmer aus. Neben den Rippen und hervorstehenden Beckenknochen konnte man auf der Stirn auch die Konturen der Schädelplatte sehen. Und wenn der Körper so weit ist, hier die letzten Reserven hervorzuholen, dann ist es schon ziemlich arg. Aber im Endeffekt hatte die kleine Bulgarin Glück. Denn zum einen hatte ich mich in ein Sommerbild von ihr verguckt und hier sah sie noch gut aus. Dünn zwar, aber nicht mager. Und zum anderen hatte eine Erkrankung einen nicht unwesentlichen Anteil an ihrem ausgemergelten Zustand. So befand sie sich im Endeffekt in einem Teufelskreis aus krank sein, schwach werden, bei der Fütterung nicht mehr zum Zuge kommen und noch mehr abbauen.
Vielleicht, vielleicht aber auch nicht, hätte man das unter sechshundert zu versorgenden Hunden noch festgestellt. Vielleicht wäre das im bulgarischen Winter aber auch gar nicht weiter

aufgefallen. Fakt ist: Da sie in die Vermittlung kam, wurde sie auf eine der klassischen Mittelmeerkrankheiten positiv getestet und konnte noch vor dem Transport erfolgreich behandelt werden.

Seitdem die Neue da ist, hat sie gut vier Kilo zugenommen, von ursprünglich gerade einmal vierzehn auf jetzt achtzehn und einen Keks. Das macht gut ein Viertel ihres jetzigen Körpergewichts aus. Es gibt sicherlich Menschen, die froh wären, wenn sie ein Viertel ihres Körpergewichts nicht mit sich herumschleppen müssten. Bei denen zeichnet sich aber sicherlich auch nicht ein einziger Knochen unter der Haut ab. Für viele von uns wäre ein solches Minus vom aktuellen Gewicht sicherlich als dramatisch zu bezeichnen.

Aber nicht nur uns gegenüber war sie in puncto Fressen hemmungslos. Auch dem Großen gegenüber kannte sie keine Gnade. Wenn wir nicht aufgepasst haben, hat sie ihm sein Fressen schlicht geklaut. Sogar aus dem Maul. Einmal kam er mit einem Kauartikel aus dem Keller hoch. Sie stand oben am Absatz. Kaum hatte er die letzte Stufe erreicht, hat sie sich den Kauartikel in Windeseile geschnappt und ist weggeflitzt. Er blieb verdutzt auf der Treppe stehen. Ein suchender Blick in meine Richtung.
Auch beim Füttern mussten wir in den ersten Wochen aufpassen. Es gab zwar keinen Stress zwischen den beiden. Doch es ist nicht nur einmal passiert, dass ich mich umgedreht habe und im nächsten Moment stand sie fressend vor seinem Napf. Der Große hat sich abdrängen lassen und den Konflikt gemieden. Er suchte, wie immer in solchen Situationen, meinen Blick. So einen Mundraub hätte nicht jeder Hund so friedlich mitgemacht. Und vermutlich wäre es heilsam gewesen, wenn er sie dafür einmal übergerüffelt hätte. Hat er aber nicht. Dafür ist er zu lieb.

Grundsätzlich war das aber auch meine Aufgabe, hier aufzupassen und einzugreifen. Ich hatte dafür zu sorgen, dass er in Ruhe fressen konnte, ohne einen frechen Überfall unseres kleinen Raffzahns.

Die Fütterung der Raubtiere gestaltete sich in den ersten Tagen, wie gesagt, recht wuselig. Wegen der ganzen Aufregung kotzte der Große sein bereits verspeistes Abendessen daher eines Abends wieder aus. Die Neue flippte aus, weil sie das fressen wollte. Da der Göttergatte nicht da war, musste ich sie anbinden, wenn ich eine Chance haben wollte, das selbst wegzumachen. Derweil begann der Große, sein Abendessen ein weiteres Mal zu fressen. Das hat er zwar sonst nicht gemacht. Aber bei dem Durcheinander … Etwas gestresst verbot ich ihm das, was er mit hängenden Knicköhrchen akzeptierte. Mit Küchenpapier ließ sich schon einmal das Meiste entfernen. Daraufhin ging ich in den Keller, um den Putzeimer zu holen. Die Neue hatte ich am Küchentisch angebunden, der Große saß etwas bedröppelt auf seiner Decke. Als ich aus dem Keller zurückkam, wurde ich von zwei Hunden am Treppenabsatz begrüßt. Das Geschirr, in dem sich einer davon befinden sollte, lag noch an der Leine neben dem Küchentisch. Offensichtlich hatte sie den Houdini gemacht und ihr Geschirr war in puncto Sicherheit keinen Pfifferling wert. (Houdini war ein berühmter Entfesselungs- und Zauberkünstler zum Ende des neunzehnten Jahrhunderts.) Es war klar: Wir brauchten dringenderweise ein Sicherheitsgeschirr für sie, das diesen Namen auch verdiente. Nicht auszudenken, wenn ihr der Trick auch draußen gelänge, an der befahrenen Straße.

Der Große wird ganz gut ernährt. Manchmal könnten Außenstehende das Gefühl bekommen, dass auf die Ernährung des Großen noch mehr Wert gelegt wird, als wir es auf die eigene tun. Da kann man eher mal laissez faire zulassen. Und jetzt lebte mit der Bulgarin also ein Shelterhund bei uns. Sie kam aus Zuständen, wo nicht viel Geld für hochwertiges Futter, ich korrigiere, wo überhaupt kein Geld für hochwertiges Futter vorhanden ist. Ergo bekommen die Hunde einfache Kost dort. Nicht wertig. Der Fokus kann nur darauf liegen, die über sechshundert Mägen tagtäglich zu füllen.

Um den ans Shelterfressen gewohnten Magen nicht überzustrapazieren, haben wir anfangs maximal mittelklassig gefüttert. Damit hat sie wahrscheinlich schon Besseres bekommen als in ihrem ganzen vorherigen Leben. Und da wir wussten, dass sie mit einem, sagen wir mal, Ernährungsdefizit zu uns kam, war ihre erste Packung Trockenfutter Welpennahrung. Das hat uns die Verkäuferin unseres Vertrauens im Tierfuttergeschäft empfohlen. Zum Päppeln. Der Neuen war egal, was auf der Packung stand. Hauptsache, es kam in den Napf zum Inhalieren.

Zusätzlich gab es morgens Porridge. Porridge ist ein Klassiker auf dem Frühstückstisch, bestehend aus aufgekochten Haferflocken mit Wasser oder wahlweise Milch. In den Anfängen kam nur noch eine Prise Salz hinzu und fertig war das Ganze. Die Schotten sollen als Erstes herausgefunden haben, dass die nahrhafte Flocke, aufgrund der klimatischen Bedingungen, nicht nur hervorragend vor der eigenen Haustür gedieh, sondern auch noch schmeckte und die Arbeiterschaft satt machte. Auch hierzulande gab es die einfache Hafermahlzeit zum Beispiel schon im Mittelalter, damit man Kraft für den Tag und die Arbeit hatte. Selbst die Herrschaften und Könige sollen dieses Frühstück im Alltag gegessen haben. Heutzutage kann man Bücher nur über Porridge und seine vielfältigen Variationsmöglichkeiten kaufen. Egal ob mit heimischem Obst oder exotischem, als herzhaftes Porridge mit

Spiegelei oder als eine gewagte Kreation mit Lebkuchen und Spekulatius, der Fantasie sind keine Grenzen gesetzt.

Nun also Porridge für den Hund. Bei der Neuen haben wir natürlich den ganzen Kladderadatsch weggelassen und uns an den Klassiker mit Wasser gehalten. Dafür gab es einen guten Schuss Leinöl ins Essen. Schließlich sollte sie ja ein bisschen mehr auf ihre mageren Rippen bekommen. Der nährende Haferbrei ist nicht nur sehr bekömmlich und damit gut für einen angegriffenen Magen. Die enthaltenen Kohlenhydrate und B-Vitamine sind zudem gut für das Nervenkostüm. Sie wirken rundum beruhigend. Und auch das kommt einem Hund, dessen komplette Welt sich gerade auf links gedreht hat, sehr zugute.

Es gibt Themen, die sich für empfindsame Gemüter und sensible Mägen nicht wirklich eignen. Aber sie gehören nun mal zum Leben des einen oder anderen Frauchens und Herrchens dazu. Von daher werden sie hier auch ihren Platz finden. Hunde, die mal richtig Hunger leiden mussten, und damit meine ich nicht den Labbi, der vor einer halben Stunde gefüttert wurde, fressen alles, wirklich alles, was sie bekommen können. Dieser Zustand kann auch noch eine Weile andauern, selbst wenn sie irgendwann ordentlich ernährt werden und sie das Gefühl erleben dürfen, wie es ist, mit gefülltem Bauch im eigenen Körbchen zu dösen. Es gibt Hunde, die sich ihre Backenzähne kaputt brechen, weil sie vor lauter Hunger und Verzweiflung auf Steinen kauen. Und so ein Hund aus dem Shelter, der hat auch nicht viel Auswahl an dem, was er denn nun fressen kann. Das, was vorne reinkommt, kann für manche Hunde, gerade die kleineren oder schwächeren, schwer erreichbar sein. Daher bleibt für sie manchmal nur das übrig, was hinten wieder rauskommt. Und so war es wahrscheinlich bei unserem Neuzugang auch. Um es mal vorsichtig auszudrücken: So schnell, wie sie am Napf war, so schnell waren auch die eher noch frischen Hinterlassenschaften ihrer Artgenossen verspeist, wenn wir nicht aufgepasst haben wie die Luchse. Der eine oder andere möchte an dieser Stelle wahrscheinlich schon einmal zum nächsten Kapitel weiterblättern. Doch Fakt ist, Kacke fressen mag zwar aus Menschensicht echt kacke sein. Aber die im Kot enthaltenen Reste an Nährstoffen können das Überleben zumindest noch für eine gewisse Zeit sichern. Und wenigstens lässt dieser nagende Hunger für eine kurze Zeit nach. Ist halt so.

Wenn man einen Hund hat, der diese Eigenart an den Tag legt, sollte man mit Hilfe eines Hundetrainers und gegebenenfalls eines Tierarztes auf Ursachenforschung gehen. Das Internet gibt, wie sollte es anders sein, zudem erste Anhaltspunkte zu diesem Thema. Es gibt verschiedene Ursachen, die man nachlesen kann, von denen die meisten auf unsere Bulgarin eher nicht zutrafen. Ein ausgeprägtes Revierverhalten würde ich zum Beispiel mal ausschließen. Ein Grund, der mir jedoch sehr plausibel erscheint, ist die Tatsache, dass es chemisch hergestellte Geschmacksverstärker in gerade minderwertigen Futtersorten gibt, die den Kot attraktiv erscheinen lassen. Also ursprünglich sollten sie das Futter attraktiv erscheinen lassen. Dies würde zumindest erklären, warum sie diverse Häufchen einfach links liegen ließ und auch keinerlei Interesse daran zeigte, wohingegen sie von anderen geradezu magisch angezogen wurde. Schnüffelte sie sich, einer für mich unsichtbaren Spur folgend, zielstrebig zu einem Häufchen, war für mich Vorsicht geboten. Dann konnte ich sicher sein, dass sie es fressen würde, sobald sie es erreicht hat. So viel zu diesem besch… Thema.

Leider gibt es einige Leute, die zu unbedarft mit dem Thema Fressen als Ressource umgehen. Sie betrachten sich als Rudelchef, und als dieser dürfen sie schalten und walten, wie sie es für richtig halten. Allerdings übersehen sie dabei, dass es zu Anfang noch nicht einmal ansatzweise eine Beziehung zum Hund gibt, die ihn dies akzeptieren ließe. Und sie übersehen, dass der Hund mit einer Geschichte und Lernerfahrungen zu uns kommt, die wir größtenteils nicht kennen. Ein Hund, der sich auf der Straße oder im Shelter selbst darum kümmern musste, nicht zu verhungern und an sein Essen zu kommen, könnte bei dem Thema Fressen erst einmal andere Ansichten haben als wir Menschen. Er weiß nichts von unserem Plan, dass sein Napf ab jetzt jeden Tag gefüllt sein wird.

Und natürlich ist es nicht in Ordnung, wenn das neue Tier mich anknurrt oder gar Finger perforiert. Auch wenn es neu ist, darf es das nicht. Aber vielleicht sollte man seine Erwartungen an eine bedingungslose Unterordnung bei seinem neuen, gebrauchten Hund in den ersten Wochen mit einem gewissen Maß an Realismus versehen. Und ich sollte als Mensch so viel Weitsicht mitbringen, dass ich es zu Beginn gar nicht erst zu solchen Situationen kommen lasse. Wieso bitte muss ich meinem neuen Hund den Futternapf in den ersten Tagen gleich wieder wegnehmen können? Darf er das vielleicht auch erst einmal lernen? Da sollte man aber auch wirklich wissen, was man tut. Wenn man einen Gierschlund hat, der beim Fressen keinen Unterschied macht, ob da noch Hand oder Verpackung dran sind, kann man nicht einfach unbedarft in den Fressakt reingreifen. Das braucht schon ein wenig Vorbereitung und Management.

Ich habe damit in kleinen Schritten begonnen. Ich habe mich beispielsweise zuerst neben sie gesetzt, wenn sie etwas zum Kauen bekomme hatte. Nach ein paar Tagen habe ich sie mal sachte am Hinterbein gestreichelt. Als ich das Gefühl hatte, dass das in Ordnung ist, habe ich mich in Richtung Gefahrenzone vorgearbeitet. Bis ich ihr den Kauartikel mal für einen kurzen Moment mit viel verbalem Lob abgenommen und gleich darauf wiedergegeben habe, habe ich eine Zeit ins Land gehen lassen. Und ich versichere Ihnen, dieses Buch habe ich mit zehn Fingern an zwei unversehrten Händen geschrieben. ;o)

Heute ist auch das schon deutlich besser. Jetzt macht sie meistens nicht mehr den Piranha, sondern lediglich die Schnappschildkröte.

Wie das Ganze wohl aus Sicht der Neuen war? Ich stelle mir das so vor:
Ich musste mein ganzes Leben, also dreieinhalb lange Menschenjahre, um mein Futter kämpfen. Da war keiner, der meinen Napf befüllt hat. Ich habe nie einen eigenen besessen. Stattdessen wurde das Trockenfutter säckeweise auf den Boden geschüttet. Hier greift sehr schön das alte Sheltersprichwort: Wer nicht kommt zur rechten Zeit, kriegt nur das, was übrig bleibt. Und das war nichts. Daher hatten nur die einen vollen Bauch, die sich behaupten konnten, schnell oder frech genug waren. Ich war immer eine der Schnellen. Um mich zu behaupten, war ich zu klein. Da gab es andere, die großen Hunde, die haben mir das ziemlich schnell klar gemacht. Frech sein habe ich mich dann auch nicht mehr getraut.
Hundekommunikation ist sehr klar. Viel klarer als die von euch Menschen. Wenn einem Hund etwas nicht passt, gibt er das dem anderen unmissverständlich zu verstehen. Für uns Caniden ist es ganz normal, knurrend sein Fressen zu beanspruchen, wenn jemand zu nah kommt. Schließlich hat man sich das geholt. Oder gefunden. Oder es liegt im eigenen Napf. Dann darf man es auch beanspruchen. Wir beugen uns dadrüber, unser Körper spannt sich an, vielleicht knurren wir auch. Das versteht jeder. Doch was

ist, wenn jemand den Besitzanspruch nicht respektiert, zu nah kommt und nicht auf das Knurren hört? Das Warnen? Dann müssen wir deutlicher werden. Oder wir geben unsere Beute auf. Aber das bedeutet, dass wir wieder hungern müssen.

Jetzt bin ich bei diesen fremden Menschen. Alles ist neu. Ich kenne ihre Regeln nicht. Und diese fremden Worte. So sind sie ja erst einmal ganz freundlich zu mir. Aber wenn es ums Fressen geht, muss ich für mich sorgen. Ich will nicht mehr hungern. Keiner soll mir was wegnehmen. Andere drohen. Sie knurren. Ich knurre nicht. Ich bin schnell. Ich war immer eine der Schnellen …

Happs und weg

Napfexplosion
Der Tag, als der Napf explodiert ist, ist der Tag, als es zum ersten Mal Ei gibt. Ei mögen Hunde in der Regel ja ganz gerne. Doch was die Neue da veranstaltet, habe ich so noch nicht gesehen. Einer Detonation gleich stürzt sie sich in den Napf, dass ich Angst um ihre vordere Zahnreihe habe. Dabei verteilt sie mindestens die Hälfte des Eis auf dem umliegenden Boden. Man hat den Eindruck, es handelt sich um die erste und gleichzeitig letzte Mahlzeit ihres Lebens. Es sieht aus wie nach einer Explosion. Und schneller, als ich Eiersalat sagen kann, ist das Ganze auch schon wieder vorbei. Ich gehe dann erst mal putzen.

Konfetti
Als ich die Küche verlassen hatte, war die Dose mit dem Früchtetee auf der Anrichte fast voll. Als ich kurze Zeit später in die Küche zurückkomme, liegt rotes Konfetti über den kompletten Küchenfußboden verteilt. Ich ahne, woher das blecherne Geräusch eben kam. Von den Hunden ist nichts zu sehen. Von der Teedose auch nicht. Die Explosionsgefahr in unserem Haus scheint derzeit ungewöhnlich hoch zu sein. Und ich gehe mal wieder putzen ...

Ätherische Duftnoten
Die Neue hat gerade mein Hustenbonbon gefressen. In einem Stück, natürlich. Das war ein Happs und weg war es. Was man hat, hat man. Das kann einem auch keiner mehr wegnehmen. Es ist mir beim Auspacken aus den Fingern geflutscht. Leider war sie schneller als ich, da ich aufgrund des Hustenreizes gerade nicht so

sprachfähig war. Na, bin mal gespannt, was da am Ende hinten rauskommt. Das Bonbon war mit Eukalyptus. Ob das dann wohl ätherisch riecht, wenn die pupst?

Wirklich clever!

Die Neue hat gerade beobachtet, wie ich Himbeeren vom Strauch pflücke, bevor ich ihr eine abgebe. Sie liebt Himbeeren. Daraufhin schnüffelt sie den Strauch ab und guckt, ob sie selbst welche findet. Wir Menschen können ja ansatzweise auch riechen, dass Obst reif ist. Die bulgarische Nase jedoch zieht in einer Linie am Strauch entlang, zielsicher bis zu der Stelle, wo die dunkelroten Himbeeren hängen. Die Neue beißt ins Geäst, zieht einmal dran und mampft. Ich habe leichte Bedenken, dass sie sich bei der Aktion einen Dorn ins Maul gepikst haben könnte. Und als ich gerade mal nachschauen will, was sie da alles vom Strauch abgerissen hat, spuckt sie den Strunk samt drei Zentimeter Stängel wieder aus. Wow, das hat sie sehr gut hingekriegt. Und nicht ein Dorn im Maul.

Natürlich bio

Ich bin mal wieder mit BB unterwegs. Wir sind im Feld spazieren. Drei Hunde buddeln sich im Jagdeifer zum Erdinneren vor. Der Große und ihre beiden. Die Neue steht eher unbeteiligt daneben. Auf einmal kommt Leben in den neuen Hund. Ich gucke und muss ein zweites Mal gucken. Es ist nicht zu fassen. Hat doch tatsächlich unser Neuzugang die Maus gefangen, nach der unsere drei passionierten Jäger so eifrig graben! Keine Ahnung, wie sie das gemacht hat, aber sie hat den kleinen Nager zwischen den Zähnen. Ich rufe zu BB: „Sie hat die Maus! Guck, sie hat die Maus!" Meine aufgeregten Rufe verunsichern sie offensichtlich ein wenig. Also die Neue, nicht BB. Denn sie lässt die Maus fallen. Die liegt da nun ein wenig angezählt und macht keine Anstalten, sofort wieder in einem rettenden Mauseloch zu verschwinden. Etwas betreten betrachten BB und ich das angeditschte Tierchen. Selbst wenn es nur eine Maus ist, so wollen wir sie da nicht liegen und leiden lassen. Andererseits will ihr auch keine von uns den Gnadenstoß versetzen. BBs Terrierdame nimmt uns kurzerhand die Entscheidung ab. Während wir uns noch zieren, läuft sie hin, mampft einmal und das Problem hat sich erledigt. Der ehemalige polnische Straßenhund überlegt da nicht lange.

Als ich das dem Göttergatten zuhause erzähle, betrachtet er das recht nüchtern. Das ist schließlich Natur. Wahrscheinlich war sie sogar bio. Die Maus.

Besondere Gaben

Hunde haben eine besondere Gabe. Also sie haben viele besondere Gaben, aber eine davon ist, ständig im Weg zu stehen. Selbst so ein Achtzehn-Kilo-Hund kann einen Raum ausfüllen. Man läuft ständig davor, dagegen und muss genau da lang, wo er gerade liegt, steht oder sitzt. Es ist schon ein Phänomen. Unsere Küche ist eher klein und länglich. Allein wenn der Göttergatte und ich darin stehen und hantieren, ist die Küche schon gut besucht. Wenn sich dann noch die beiden Vierbeiner dazubegeben, ist wegen Überfüllung geschlossen. Dann kann sich keiner auch nur einen Fitzel bewegen. Den Hunden ist das egal, solange noch der Hauch einer Hoffnung besteht, dass etwas für sie abfallen könnte.

Einkaufskontrolle

Ich komme vom Einkaufen zurück. Nachdem die beiden vorschriftsmäßig auf ihren Decken sitzen geblieben sind, während ich die Klappkisten mit den Einkäufen reintrage, dürfen sie dann auch gucken kommen. Der Große begrüßt mich, die Neue meine

Einkäufe. Ich habe zwei große Kisten mitgebracht, eine für uns, eine für die Hunde. Der Göttergatte guckt sich die Quittungen an. Wir kommen auf insgesamt 143,73 Euro und für die Hunde habe ich 172,19 Euro ausgegeben. Der Göttergatte merkt an, dass ich für die Hunde mehr ausgegeben habe als für uns. Ich gebe zu bedenken, dass das bei den Hunden für einen Monat reicht. Bei uns ist das der Wocheneinkauf. Den findet der Göttergatte übrigens auch immer schon zu teuer. Er war wohl schon lange nicht mehr einkaufen.

Nachdem der Große dann doch noch die Kisten ausgiebig abgeschnüffelt hat, kommt er schwanzwedelnd zu mir zurück. Ich deute das als ein Dankeschön. Man scheint zufrieden mit meiner Wahl zu sein. Tja, sinniere ich, das könnte meine Rente sein. Der Göttergatte guckt mich an. Aber was wiegt Geld schon auf gegen die Freude im Leben, die diese beiden uns bringen? Da muss er mir dann doch auch recht geben. Aber unabhängig davon, dass mir Hundeglück dieses Geld wert ist, haben mich die Ausgaben für das Hundefutter ein bisschen überrascht. Wie bitte kann eine halbe Portion Hund auf einmal das Doppelte an Kosten verursachen? Gefühlt zumindest.

Verkaufsförderung – die Hamsterpackung für das Wolfsrudel
Was mir aber wirklich auf den Keks geht, ist diese nervige Verkaufsförderung. Wenn ich einkaufen gehe, dann soll sich das auch lohnen. Ich will ja schließlich nicht jede Woche los. Daher mache ich in der Regel Großeinkäufe. Ich kaufe eher so die Mengen, mit denen man ein Wolfsrudel locker über den Winter bringen könnte. Dann stehe ich an der Kasse und sehe einen Betrag, der mir die Augen tränen lässt, und die nette Verkäuferin fragt, ob ich noch einen Snack aus dem Angebot haben möchte. Ernsthaft???

Nur für den Fall, dass das an dieser Stelle noch nicht allen klar ist: Nein, möchte ich nicht! Die Frau war die letzten Minuten damit beschäftigt, Großpackungen über den Scanner zu ziehen. Was bitte soll ich mit einer überteuerten Fünfzig-Gramm-Packung Leckerlis anfangen? Meint sie wirklich, dass ich an der Kasse schlicht vergessen habe, noch einmal ordentlich zuzugreifen? Mal ehrlich, damit bekommt man doch maximal einen Hamster satt. Gut, ich weiß, die Verkäuferin hat nichts zu meinen. Sie hat lediglich ihren Job zu machen. Daher an dieser Stelle, sollte ein Verantwortlicher eines Tierbedarfsdealers diese Zeilen lesen: Schaffen Sie das ab. Das bringt eh nichts, außer schlechter Laune vielleicht. Denn die Frage nervt einfach.

Wenn sie könnte, wie sie wollte
Bei manchen Kauartikeln, aber auch getrockneten Kaninchenohren und Pansen hatten wir anfangs Bedenken, sie ihr zu füttern. Schlicht aus der Sorge, dass sie sich beim Fressen in ihrer Gier und Hektik damit umbringen könnte. Zum Glück ist es bei ein paar Quiekern geblieben. Schließlich passen fünfzehn Zentimeter getrockneter Pansen auch in einen bulgarischen Hundehals nicht quer hinein.

Was vorne reinkommt …
Die Neue hat mal zwei Mini-Lachsknochen so heruntergeschluckt, ohne sie zu kauen. Ihre Sorge galt offensichtlich einem zu verhindernden Mundraub. Also verschwanden sie ohne Zwischenstopp im Schlund. Meine Sorge galt eher dem, was hinten wieder rauskommen würde, beziehungsweise, ob es wohl wieder rauskommen würde. Denn so ein unzerkauter Kauknochen, wenn auch nur ein kleiner, könnte im Magen vielleicht nicht mehr richtig verdaut werden und dann im Darm zu

Problemen führen. Aber so ein bulgarisches Verdauungssystem scheint robust zu sein. Es schien offensichtlich mit dieser Art des Fressens vertraut zu sein. Das Ganze verlief reibungslos. Was vorne reinkommt, kommt hinten auch problemlos wieder raus.

Wenn ich es will

Das neue Tier ist mittlerweile so weit, dass es auch sitzen und warten kann, wenn ich die Näpfe befülle. Genau genommen muss ich sagen: sitzen und warten können sollte. Sie setzt sich zwar ganz vorbildlich und guckt. Doch sobald ich mich wieder den Näpfen zuwende, steht sie auf. Und das Auf-die-Decke-Schicken beinhaltet bei uns nun mal ein Hinsetzen oder Hinlegen. Also drehe ich mich wieder zu ihr, mache das entsprechende Handzeichen und sage „Sitz". Und sie steht und guckt. Derweil tropft der Große vor sich hin, in Erwartung seines Fressens. Bei der Essenszubereitung wird er sowieso schon auf einem großen Handtuch geparkt, damit wir nicht jeden Abend die Küche wischen müssen. Erneutes Handzeichen, erneutes „Sitz", die Neue steht und guckt. Bevor meine Korrekturbemühungen zweistellig werden, werde ich ein bisschen ungehalten. „Hinsetzen jetzt, Himmeldonnerwetter noch einmal, bevor der Große noch komplett ausläuft!" Der Poppes geht zu Boden und zwei riesengroße Hundeaugen kleben an jeder meiner Bewegungen. Jetzt aber schnell die Näpfe runterstellen, Kommando Sitz auflösen und die Gunst der Stunde nutzen.

Gut Ding …

Es hat gut ein Dreivierteljahr gedauert, ihr begreiflich zu machen, dass die Finger nicht mitgegessen werden, wenn diese Futter anreichen. Und reingehackt wird da auch nicht, weil es sich um empfindliche Körperteile des Menschen handelt. Das gilt besonders, wenn man sehr aufgeregt ist. Wobei, an der Disziplin arbeiten wir noch.

Kürzlich musste ich verwundert zweimal hinschauen, weil sie immer noch am Fressen war. Bis eben hatte sie den Napf doch immer in Lichtgeschwindigkeit geleert. Oder etwa nicht? Wann bitte hat sie begonnen, ihr Fressen mal ansatzweise ordentlich zu fressen?

Russische Tischsitten

Die Hunde kriegen morgens in der Regel einen Klecks Kefir in den Napf. Das ist sicherlich etwas ungewöhnlich. Aber der Große liebt das. Und beim Thema Essen ist die Neue ja sowieso immer ganz vorne mit dabei. Daher bevölkern sie bereits die Küche, bevor ich eine Chance hatte, mit den Frühstücksvorbereitungen zu beginnen. Und wenn ich sie irgendwie vor den Füßen wegbekommen möchte, muss ich den Kefir rausrücken.

Ursprünglich hatte ich den Kefir mal für mich gekauft. Mit Obst rein und Flocken drauf eignet er sich hervorragend an warmen Sommertagen als Mittagessen auf der Arbeit. Dass der Große den mag, ist sicherlich seiner Herkunft geschuldet. In seinem Pass steht, dass er aus Moskau kommt. In seinem Herkunftsland steht man schließlich auf sauer vergorene Lebensmittel. Der Große frisst auch Sauerkraut. Das habe ich mal spaßeshalber ausprobiert. Das hätte ich nie gedacht. Aber der mag das.

Einmal hatte unser üblicher Kefirproduzent Lieferschwierigkeiten, so dass ich zu einem anderen Hersteller greifen musste. Dieser füllt seinen Kefir in Gläser, ähnlich den Fünfhundert-Gramm-Joghurtgläsern. Die haben eine große Öffnung. Eine gute Gelegenheit für die Neue, schon einmal während des Befüllvorgangs zu testen, wie das denn wohl heute schmeckt. Das bedeutet für mich, dass ich, schneller als die bulgarische Polizei erlaubt, ihren Napf befüllen muss, sonst hängt die Zunge im Kefirglas. Gut, dass ich keinen Kefir mehr esse.

Möhrensalat

Der Große ist nicht so der Rohkostfan. Aber wenn ich vom Einkaufen wiederkomme, werde ich so lange belagert, bis ich mindestens zweimal Möhrchen rausgerückt habe. Die Neue steht natürlich daneben und möchte auch etwas haben. Die ersten Male hat das mit dem Kauen nicht so super geklappt. Da haben wir ihr die Stücke dann geviertelt. Auch Fressen will gelernt sein. Heute kann sie eine ganze Möhre kauen und fressen.

Der Große fabriziert übrigens immer Möhrensalat beim Fressen. Keine Ahnung warum, aber er frisst eine Möhre so, als ob er einen Maiskolben abnagen würde. Dabei übersät er seinen Platz mit diversen Möhrenraspeln. Jeder hat halt so seine Methode.

Wer die Wahl hat ...

Der Große ist an manchen Stellen ein wenig wählerisch geworden mit den Jahren. Bei der morgendlichen Pansengabe nimmt er nicht mehr jedes ihm angebotene Stück. Alles, was der Göttergatte aus dem Keller mit hoch bringt, muss beschnüffelt werden. Erst dann trifft der Große für sich die beste Auswahl. Es wird nicht unbedingt genommen, was Herrchen für ihn ausgewählt hat. Die Neue spielt angesichts des Stinketeils weiterhin Piranha. Hauptsache, es gibt etwas Fleischiges, und zwar schnell.

Seitdem die Bulgarin da ist, hat der Große gut anderthalb Kilo abgenommen. Schleichend, ohne dass es irgendwem aufgefallen wäre. Also, nix mehr mit Rollmops. Noch nicht mal Möpschen!

Nicht einschnüffeln, bitte!

Sie darf den heruntergefallenen Keks nicht fressen. Das habe ich sehr deutlich gemacht. Von einigem, was für unser menschliches Auge unentdeckt im Gebüsch herumliegt, kann eine nicht unerhebliche Gefahr ausgehen. Daher baut die Trainerin immer wieder Elemente aus dem Giftköder-Training in unsere Hundeschulstunden ein. Das üben wir auch immer mal wieder zuhause oder unterwegs, wenn sich das anbietet. Jetzt gerade wird der kleine Hundekeks intensiv angeschnüffelt. Und ich habe wirklich Angst, dass er dabei durch die große Sogwirkung in der Nase verschwinden könnte. Noch siegt die Schwerkraft …

Und du darfst auf keinen Fall das Igittigitt fressen!

Ein Du-darfst-das-auf-keinen-Fall-fressen-auch-wenn-du-das-vor-mir-findest-Training ist enorm wichtig. Die Neue mutiert nämlich zum Müllschlucker. In ihrem Ich-muss-verhungern-Status, obwohl sie mittlerweile gut genährt ist, frisst sie wirklich alles, was sich in ihrer erreichbaren Nähe befindet. Kürzlich waren es Chips, Tsatsiki-Style.

Die beiden haben im Laufe unserer Gassigänge Essensreste jeglicher Art gefunden. Würde man das alles auf einen Tisch legen, würde man ein passables, kleines kaltes Buffet damit zusammentragen: angebissene Würstchen (Bratwurst und Bockwurst), Pizzareste, Butterkekskrümel, abgenagte Knochen von Chickenwings, Schulbrote, Pommes (mit und ohne Mayo), Chips, heruntergefallene Eistüten sowie eine ganze Dönertasche. Unterm Strich könnte man sagen, ihre Funde beinhalten die komplette deutsche und internationale Snackkultur der Jugend. Und natürlich finden sie verloren gegangene Hundekekse von Vorgängern. Jeden! Ach ja, unbedingt erwähnenswert ist auch der halbe Hase, den der Große und ein anderer Hund einmal auf einem Feld gefunden haben. Ich habe keine Ahnung, was und wie viel er davon gefressen hat, bis wir endlich bei ihnen waren und sie davon abhalten konnten, ihre Beute in Gänze zu verspeisen. An einen Rückruf war da nicht mehr zu denken. Die Ohren waren zu. Er hatte einen Fress-Flash. Aber ich kann mich noch sehr genau daran erinnern, dass seine Hinterlassenschaften am nächsten Tag ausgesprochen gut in Konsistenz, Aussehen und Geruch waren. Zu der Zeit hatte er noch häufiger mit Durchfall zu kämpfen. Aber an dem Tag danach war es perfekt. Ans Barfen sind wir aber trotzdem nicht gekommen.

Friss und stirb …
Mittlerweile ist der Große so weit, dass ich mich relativ gut darauf verlassen kann, dass er Fressbares anzeigt, es aber nicht mehr gleich wegmampft, wenn er es findet. Es sei denn, es ist gaaanz lecker.
Frisches Mett ohne Brötchen war in seiner Anfangszeit bei uns jedoch einmal der besorgniserregende Grund, warum ich ihn zur Tierärztin gebracht habe, die ihm dann ein Brechmittel gespritzt hat. Eine Tortur für den Hund. Aber ich glaube, sterben wäre noch schlimmer gewesen. Im Endeffekt weiß ich nicht, ob das Fleisch tatsächlich vergiftet war. Aber die Gefahr war mir einfach zu groß, wenn es so gewesen wäre. Wer könnte da mit ruhigem Gewissen abwarten? Die ganze Situation, wo und wie er es gefunden hat, war schon sehr verdächtig. Und um die Perfidität der Situation zu verdeutlichen: Der Große hat das frische Mett vor einem Kinderspielplatz gefunden. Ich glaube kaum, dass es einem dreijährigen Knirps vom Brötchen gefallen ist. Aber stellen Sie sich einmal vor, er hätte es in einem unbeobachteten Moment in seine kleinen Fingerchen bekommen …

Ich muss mich schwer beherrschen, an dieser Stelle nicht zu schreiben, was Menschen meiner Meinung nach verdient haben, die vergiftete Köder für Hunde und Katzen auslegen. Denn würde ich das tun, müsste ich für diesen einen Absatz das Genre dieses Buches ändern. Nur so viel: Es gibt keinen, aber auch wirklich keinen einzigen Grund, der es rechtfertigt, vergiftete Köder für Tiere auszulegen. Pampen Sie meinetwegen den Hundebesitzer an, der wie unbeteiligt neben seinem kackenden Hund steht und dann einfach weitergeht. Das macht zumindest Sinn. Aber einen Hund zu vergiften, nur weil er tut, was die Natur von ihm verlangt, ist so, als würden Sie mit Pumpguns auf Dieselfahrzeuge schießen, weil die Konzerne mutwillig beschissen haben.

Jagen – wenn die Nahrungsbeschaffung zum Sport wird

Wir wissen jetzt, wo der Hase läuft. Der läuft gar nicht im Pfeffer, sondern bei uns auf dem Friedhof. Und übrigens: Der läuft auch nicht. Der hoppelt.

Jetzt haben die Viecher schon so große Augen und sind immer noch blind. Oder blöd. Oder beides. Wie oft so ein Hase schon frontal auf uns zugehoppelt ist. Unglaublich. Vielleicht liegt das aber auch daran, dass die Augen beim Hasen seitlich am Kopf sind. So kann er hervorragend sehen, wenn seine Fressfeinde sich von hinten anschleichen. Nur mit dem Gucken nach vorne klappt das halt nicht so gut. Ähnlich wie beim Auto gibt es bestimmt einen toten Winkel, in dem der Hase gar nicht erkennen kann, dass er auf sein Unglück zustürmt. Das wäre natürlich eine Entschuldigung.
Dem Mann sagt man ja nach, dass er in manchen Situationen nicht genug Blut hat, um alle Körperteile ausreichend mit Blut zu versorgen. Da reicht es dann manchmal halt nur für eher obenrum oder eher untenrum. Tja, und vielleicht ist es ja beim Hasen ähnlich. Entweder kann der Hase denken oder er kann laufen.

Der Grund, warum es überhaupt schon so häufig zu überraschenden Aufeinandertreffen mit dem Hasen kam, ist, dass Meister Lampe urban geworden ist. In unserem Stadtteil, und den würde ich nicht gerade als ländlich bezeichnen, ist er schon vor

Jahren eingezogen. Er wohnt hier in Gärten und Grünanlagen mit ausreichend Sträuchern zum Verstecken. Nichthundebesitzer können da auf zwei Meter Entfernung an einem Hasen vorbeilaufen, die würden den gar nicht bemerken.

Im Laufe der Zeit haben sich meine beiden passionierten Jäger schon so viel Mühe gegeben, den Hasen zu kriegen. Ich habe mein Bestes gegeben, um das zu verhindern. Und eines Abends hätte ich ihn fast selbst erlegt. Zwar mit technischer Unterstützung, doch wäre ich nicht beherzt in die Bremse gestiegen, ich hätte ihn schlicht überfahren. Das wäre dann ein tragisches Ende für den urbanen Hasen geworden. Ich weiß nur nicht, wie ich das meinen Wuffs hätte erklären sollen.

Eine aufgeregte Meute. Die beiden laufen von links nach rechts und wieder zurück. Sie halten ihre Nasen in die Luft und sind hektisch. Irgendwo muss dieser verdammte Hoppel doch hingelaufen sein. Ich versuche indes, meinen Weg einigermaßen koordiniert fortzusetzen. Frauchen hat einen Plan. Sie muss ihn nur mitteilen.

Wenn man nur einen Hund hat, kann man noch versuchen, das irgendwie zu regeln, wenn er einem Kaninchen hinterher an der Leine losstürmt. Mit zwei jagdaffinen Hunden an der Leine und einem bekloppten Eichhörnchen, das drei Meter vor einem meint, über den Weg flitzen zu müssen, heißt es einfach, Leinen festhalten, bis es scheppert, die Füße auf dem Boden behalten und versuchen, den Einschlag zu überstehen.

Vier Jahre Antijagdtraining. Der Hase rennt, der Große steht und guckt. Yesss! Ähm, ja, vielleicht ist noch zu erwähnen, dass das kleine Tier an der Leine gerade ausrastet. Sie kläfft hysterisch und springt in ihr Geschirr, weil sie doch bitte unbedingt endlich dem Hasen hinterherrennen möchte. Sie versucht, in einem Bogen um mich herum hinterher zu gelangen. Dabei verheddert sie sich in der Leine und als diese sich spannt, überschlägt sie sich filmreif. Zum Glück ist nichts passiert. Jahr eins des Antijagdtrainings.

Aber auf diesem Stand, also Stand null, habe ich mit dem Großen auch angefangen zu trainieren. Sein Jagdverhalten unterscheidet sich jedoch grundlegend von ihrem. Während sie die aufgeregte Jagd-Hummel gibt, ist er der absolut fokussierte Jäger. Die Hetzjagd ist sein Ding. Da geht nichts drüber. Nachdem er so ein wenig bei uns aufgetaut war, trat seine Jagdpassion zu Tage. Eichhörnchen, Kaninchen, Hasen, Rehe. Sobald diese Spezies in Sicht kamen, verdienten sie einhundertzwanzig Prozent seiner Aufmerksamkeit. Stehend oder sitzend sorgten sie dafür, dass der Große zur Salzsäule erstarrte. Rannten sie, tat er es ihnen gleich, und zwar von null auf einhundert in drei Sekunden. In der Variante Salzsäule war er, außer stocksteif dazustehen, zu fixieren und zu atmen, zu keiner weiteren Regung in der Lage. Weder Ansprache, Antippen noch vor die Nase gehaltene Leckerlis konnten ihn aus diesem Zustand befreien. Einmal habe ich mir einen Spaß daraus gemacht und ihm Leckerlis auf den Nasenrücken gelegt. Ich habe drei Stück geschafft, bevor das erste herunterfiel. Doch sobald etwas flüchtete, wurde er flott. Verdammt flott. Je näher es war, umso heftiger fiel seine Reaktion aus. Und er missachtete dabei die Tatsache, dass noch jemand am anderen Ende der Leine hing. Meistens ich. Mehr als einmal habe ich mir in der Anfangszeit Brandflecken oder Quetschungen an den Händen zugezogen, weil ich seine Leine eine Idee zu locker in der Hand hielt.

Wenn viele Mümmelmänner unterwegs waren, konnte so ein Spaziergang auch schon einmal zur sportlichen Herausforderung werden. Meine Reaktionsfähigkeit stellte er auf jeden Fall regelmäßig auf die Probe. Mein Fitnesstraining war inklusive. Sobald die Beute sich wie Beute benahm und ordnungsgemäß flüchtete, startete sein Hetzjagdmodus und man war gut beraten, die Leine dann fest in den Händen zu halten. Denn keine zwei Sekunden später, je nach Länge der zur Verfügung stehenden Leine, schepperte er in selbige hinein. Mit der Zeit kennt man den Ablauf und der Körper lernt, wie er auf den massiven und plötzlichen Leinenzug bestmöglich reagieren kann: Leine gut umfassen, festen Stand einnehmen und Gewicht etwas nach hinten verlagern, damit man nicht vornüber strauchelt. Wie im Sport, wenn dem Körper eine plötzliche Reaktion abverlangt wird, ist dieser in der Lage, schneller zu reagieren, als unser Hirn diese Reaktion bewusst denken kann. So kam es dann auch zu folgender Situation, die bei YouTube bestimmt der Renner gewesen wäre: Auf einer Gassirunde, als der Große noch alleine bei uns lebte, ging ich mit ihm über eine große Wiese. Die Fünf-Meter-Schleppleine schleifte ziemlich lässig zwischen uns, als plötzlich in gut zehn Meter Entfernung ein Kaninchen hinter einem Busch hervorlief. Der Große stürmte los und meine Hände begannen hektisch, die viel zu lange Schleppleine irgendwie noch sicher greifen zu können. Währenddessen verlagerte sich mein Körperschwerpunkt schon einmal ein gehöriges Stück nach hinten. Doch anstatt wie sonst nach vorne zu preschen und mich mit einem kräftigen Ruck wieder in eine aufrechte Haltung zu befördern, lief mein passionierter Jäger lediglich einen Halbkreis und blickte dem Kaninchen hinterher. Und weil mir der erwartete Gegenzug fehlte, hätte ich mich fast auf den Hosenboden gesetzt, vor lauter vorauseilender Gewichtsverlagerung. Der sterbende

Schwan wäre in der Situation nichts gegen meine Artistikeinlage gewesen.

Als der Große mit der Uschi etwas anfangen konnte und es ihm tatsächlich Spaß machte, mit ihr über die Wiesen zu flitzen, war sie nicht mehr so blöd. Nach und nach entwickelte sich eine Beziehung zwischen den beiden fremden Lebewesen, die mehr und mehr als Team agierten. Das war die Grundlage für eine geteilte Jagdpassion. Das macht sich auch beim Jagdverhalten bemerkbar. Irgendwann stellte ich fest, dass der andere es mitbekam, wenn der eine sehr interessiert in eine Richtung schaute, und ebenfalls guckte. Irgendwas muss da ja schließlich los sein. Vielleicht gibt es etwas zum Jagen? Vielleicht ein Kaninchen? Sie können sehr gut unterscheiden, was der andere denn da entdeckt hat.

Wo sind denn meine Keksempfänger? Die beiden haben etwas gut gemacht und neben einem verbalen Lob will ich auch ein Leckerli verteilen. Jetzt wäre eigentlich der Moment, wo sich vier Paar Eckzähne in Richtung Hand bewegen, um sich ihre Belohnung abzuholen. Stattdessen starren zwei Augenpaare über die Wiese. Als ich ihren Blicken folge, sehe auch ich den Hasen keck in der Sonne sitzen. Ich packe kurzerhand meine trockenen Kekse wieder in die Tasche. Hier brauchen wir schärfere Geschütze zur Belohnung. Einen halben Sonntagsbraten zum Beispiel. Und ein wenig Action. Eine Belohnung muss mindestens gleichwertig sein. Am besten sogar noch hochwertiger. Und bei jagdbegeisterten Hunden braucht es schon 'ne Menge von dem guten Zeug, Ausdauer und Überzeugungskraft, um gegen einen rennenden Hasen anstinken zu können.

Ein Knirschen verrät uns. Der Hase spitzt die Löffel, dreht seinen Kopf ruckartig in unsere Richtung, sieht uns und läuft los. Let's go!

Elf Monate nachdem wir die Neue bekommen haben. Es ist ein wunderschöner Wintertag. Alles ist weiß überfroren. Die Sonne strahlt von einem blauen Himmel. Endlich mal, nachdem es wochenlang eigentlich nur geregnet hat und grau in grau war. Ich bin mit den Hunden im Wald unterwegs und genieße die Ruhe und diese wunderschöne Stimmung des Winterwetters. Könnte bitte jeder Tag mit einem Sonntagmorgen beginnen? Ein bisschen länger schlafen, ein leckeres Porridge mit Obst (ja, das mögen wir auch) und ein ausgedehnter Spaziergang bei Sonnenschein mit den Hunden im Wald. Mir fällt nicht viel ein, womit der Tag besser beginnen könnte.

Der Große bleibt auf einmal stehen und guckt angespannt nach vorne. Ich schaue ebenfalls. Ein Reh läuft über die nächste Weggabelung, gut dreißig Meter von uns entfernt. Der Große steht und guckt, dem Antijagdtraining sei Dank. Und meine wilde Jagd-Hummel, die außer sich gerät, wenn sie ein Kaninchen über die Wiese hoppeln sieht? Sie guckt sich das Reh kurz an, dreht sich zu mir um und scheint zu sagen: „Hm, ein Reh. Ich frag Frauchen mal, ob es dafür einen Keks gibt." Wie geil ist das denn bitte?

Ich spreche den Großen ruhig an. Er reagiert jedoch nicht auf mich. Das ist in Ordnung. Er darf stehen und gucken. Solange er nicht anfängt loszustürmen, ist das sogar sehr gut so. Das Beobachten und Fixieren ist eine Phase des Jagens und somit Belohnung genug. Die Neue sucht indes aufgeregt die Leckerlis, die ich ihr auf den Boden werfe. Dann sehe ich, dass ein ganzer Sprung Rehe (HA! Das habe ich schlau nachgelesen. Das heißt nicht Rudel. ;o) hinter dem ersten hinterherläuft. Der sollte vermutlich schauen, ob die Luft rein ist. Ich stelle das Leckerliwerfen ein und halte die Leinen vorsichtshalber mit beiden Händen gut fest. Nicht, dass der Große doch noch losstürmt. Aber er steht und guckt. Ganz großartig. Ich könnte platzen vor Begeisterung.

Nun sieht auch die Neue die sechs, sieben großen Tiere, die im großen Bogen um uns herumlaufen. Sie gibt einen Laut des Unbehagens von sich. Sie scheint nicht zu wissen, wie sie die einordnen soll. Dann läuft sie aufgeregt kläffend vor mir hin und her, mit Tendenzen in Richtung Rehe. Das ist aber eher die Variante aufgeschrecktes Huhn als tatsächliches Jagdverhalten. Ich rufe sie zu mir. Sie kommt tatsächlich auf mich zugestürmt. Das, finde ich, ist jetzt mal ein cooles Leckerli wert. Ich krame die matschigen Leberwursthäppchen aus meiner Tasche. Im Nu setzt sie sich vor mich hin. Mehr geht nicht!

Ebenfalls sehr ausgiebig habe ich mit dem Großen geübt, dass man Katzen durch geschlossene Terrassentüren hindurch nicht fressen kann und Frauchen auf gar keinen Fall über den Bürgersteig zu zerren ist, wenn sich eine Katze in einer Einfahrt befindet.

Was das Thema Jagdverhalten und Katzen angeht, so ist das vermeintliche Jagen von Katzen häufig eher als ein Verjagen zu sehen. Katzen sind in der Natur ursprünglich Fressfeinde und Konkurrenten um die gleiche Beute. Die Hundetrainerin hat es mal sehr verständlich auf den Punkt gebracht: Mit Beute wird nicht kommuniziert. Und damit hat sie recht. Wie eigentlich immer. Denn wenn der Große sich auf eine Maus stürzt, hört man keinen Mucks von ihm. Er verbellt sie nicht, es wird nicht geknurrt oder sonst wie der Unmut zum Ausdruck gebracht. Wenn er eine Maus im Gras entdeckt, springt er mit einem Satz auf die Stelle und versucht, sie lautlos zu fangen. Ganz anders sieht es aus, wenn er eine Katze im Gras entdeckt.

Katze kloppen

Erst einmal muss ich mich bei allen Katzenmenschen dieser Welt für die Kapitelüberschrift entschuldigen. Ich habe ernsthaft kurz darüber nachgedacht, ob ich es als tierlieber Mensch verantworten kann, eine solche Überschrift zu verwenden. Aber dann habe ich an das Verhältnis des Großen zu Katzen gedacht, und mir war klar – das entspricht schlicht der Wahrheit. Er sieht das genau so.

Die Neue hätte sicherlich mit Katzen vergesellschaftet werden können, wenn man es richtig angefangen hätte. Ich glaube nicht, dass sie ein grundsätzliches Problem mit Katzen hat. Da der Große aber bereits mit schlechtem Beispiel vorangegangen ist, meint sie leider nun auch, dass ein „Auf sie mit Gebrüll" die richtige Vorgehensweise ist, wenn man eine Katze sieht. Anfangs stand sie interessiert vor der Terrassentür und wollte nur zu der Katze raus, wenn eine die Abkürzung durch unseren Garten genommen hatte. Die Nachbarskatze bleibt auch schon einmal kurz vor der Terrassentür stehen und guckt zu den Hunden rein. Dann hat die Bulgarin gefiepst und den Großen mit ihrem aufgeregten Herumgehampel darauf aufmerksam gemacht, dass sich draußen etwas Interessantes abspielte.

Spätestens wenn der Große eine Katze sieht, macht er klar, wer der Herrscher über das Erdreich ist und wer auf den Baum gehört. Da macht er auch keinen Unterschied, ob sich eine Terrassentür zwischen ihm und der Katze befindet oder nicht.

Aus dem anfänglichen Gefiepse der Neuen ist ein wildes Gekläffe geworden. Ihre Aufregung hat sich deutlich gesteigert, wenn sie eine Katze erblickt. Neue Hunde schauen sich ganz offensichtlich nicht nur die positiven Eigenschaften des vorhandenen Ersthundes ab. Wobei, vermutlich ist das mit den positiven und den nicht so positiven Eigenschaften auch nur meine ganz persönliche Einschätzung. Der Große würde das anders bewerten.

Die wird doch wohl nicht …?!
Wir besuchen Freunde und verbringen einen Bilderbuchnachmittag auf der großen Terrasse, die direkt an deren Hofeinfahrt grenzt. Die drei Kinder, im Alter von zweimal acht und einmal zehn Jahren, sind sehr nett und lustig. Es sind tolle Kids, die sich noch zu beschäftigen wissen. Aber da sie nun einmal Kinder sind und die Neue damit immer noch so ihre Probleme hat, lassen wir sie bei offener Seitentür im Auto. So kann sie ein bisschen zur Ruhe kommen, ist aber andererseits nicht ganz abgeschnitten von uns und kann uns sehen. Der Plan geht auf. Nach der ersten Unruhe kann sie sich tatsächlich erst hin- und später ablegen. Irgendwann klimpern die Augen und sie döst ein.
Als wir am Essen sind, liegt der Große neben mir. Seine Leine ist locker um mein Bein gewickelt. Plötzlich steht er auf und starrt in Richtung Auto. Meine Hand an seiner Schulterpartie ertastet sofort die große Anspannung, unter der der Hund steht. Daher greife ich automatisch in sein Geschirr und schaue ebenfalls zu der Stelle, die er fixiert. Vor der geöffneten Wagentür steht eine Katze. Sie ist just in diesem Moment dabei, eine riesengroße Dummheit zu begehen. Die Vorderpfoten befinden sich bereits auf der Trittstufe. Die will tatsächlich in den Wagen steigen. Leben am Limit.
Noch hat die Bulgarin die Augen geschlossen. Der Göttergatte erhebt sich langsam, um das Katzenvieh unauffällig zu verscheuchen. Das wiederum ist für den Großen das Zeichen zum Angriff. Er grollt los und will in Richtung Auto lostoben. Da mir klar war, was passiert, habe ich das Geschirr und damit den explodierenden Katzenhasser fest im Griff. Zumindest hat das

Getöse zur Folge, dass der aberwitzige Stubentiger das Weite sucht. Die Neue springt auf und guckt verdattert in die Runde. Daraufhin spielt sie wieder verschrecktes Reh. Na großartig! Der Göttergatte meint anschließend, dass er Angst hatte, dass sie die Sitzreihe rausreißt, an der ihre Leine befestigt war. Ich glaube ja, er übertreibt ein bisschen. Vielleicht ist er einfach nur ein bisschen empfindlich mit seinem Auto. Männer halt.

Kamikaze-Katze

Ein Nachbar hat mir kürzlich tatsächlich nahegelegt, schnell an seinem Grundstück vorbeizugehen, da seine Katze uns angreifen könnte. Die komme auch durch den Gartenzaun. Lachen Sie nicht. Insgeheim heißt diese größenwahnsinnige Bitch Cat bei mir Kamikaze-Katze. Von Samtpfote kann da keine Rede sein. Bis zum Zaun ist sie bereits Attacke gelaufen. Das ganze Katzen-Gewöhnungs-Training, das ich jemals mit dem Großen absolviert habe, wird damit hinfällig.

Die Katze hat nur noch elf Zähne. Das hat mir mal ihr Herrchen erzählt. Oder wurden ihr bereits elf gezogen? Egal wie herum, sie gleicht also eher einem zahnlosen Tiger als einem gefährlichen Raubtier. Das hält sie aber nicht davon ab, Hunde zu attackieren. Je größer, desto lieber. Ihr Herrchen hält sie deswegen auch für ein wenig bekloppt. Rein mathematisch betrachtet stehen hier rund zweiundfünfzig Kilo geschätzten viereinhalb gegenüber. Mich nicht mitgerechnet. Zahntechnisch haben meine zweimal zweiundvierzig zu bieten, inklusive aller Fangzähne. Das Gebiss einer erwachsenen Katze hat hingegen nur dreißig Zähne im Angebot. Wenn dann alle vorhanden sind. In diesem Fall, und hier gehe ich mal von der für die Katze freundlichen Variante aus, sind es nur noch neunzehn. Und vor der soll ich jetzt mit meinen Hunden flüchten? Ernsthaft?

Unsamtpfötig

Die Natur hat es so vorgesehen, dass Hund und Katze sich als Beutegreifer auf Maus, Vogel und Co. stürzen und somit dieselben Jagdgründe durchstreifen. Dass die Herrchens und Frauchens zuhause sich mittlerweile als zuverlässige Dosenöffner betätigen und eine komfortable Nahrungsversorgung bieten, ist für das Grundkonzept nebensächlich.

Unterm Strich stellen sich Miez und Mauz aber auch nicht sonderlich geschickt an, um vom Hund gemocht zu werden. Wenig samtpfötig, dafür aber ziemlich frech haben sie sich bislang auf der Terrasse in der Sonne geaalt, sind durch das heimische Habitat geschlichen oder haben aus Hecken heraus heimtückische Angriffe gestartet. Ja, ich schreibe immer noch von Katzen.

Selbst wenn die Neue ein freundliches Interesse an ihnen mitgebracht hat, so haben die Unsamtpfötigen in ihrem ersten Jahr bei uns schwer daran gearbeitet, dass sie sich der Meinung des Großen anschließt. Und Frauchen? Ich mache jetzt Katzen-Gewöhnungs-Training mal zwei und hoffe inständig, dabei nicht von einem freilaufenden Stubentiger überfallen zu werden.

Die Ponyfrau (Eigentlich müsste sie „Die Katzenfrau" heißen. Schließlich hat sie zwei. Trotzdem komme ich immer wieder auf das Pony zurück, spätestens wenn sie den Großen begrüßt.)

Wir haben eine Freundin, die ist herzensgut und sehr lustig. Charakterlich kann man da wirklich nichts drauf kommen lassen. Sie hat zwar keine Ponys, muss aber im Leben schon einmal welche gesehen haben. Denn offensichtlich geht sie davon aus, dass unsere Hunde welche sind. Zumindest der Große. Zur Begrüßung klopft sie ihn ab, als ob er ein Pferd wäre beziehungsweise wegen der Größe halt ein Pony. O. K., man muss es ihr nachsehen, denke ich. Sie hat keine Hunde. Nur Katzen. Sie weiß es halt nicht besser. Wobei ich inständig hoffe, dass sie ihre Katzen zur Begrüßung nicht so durchklopft wie unseren Großen. Die dürften sonst ordentlich über den Teppich kullern.

Vielleicht ist es wirklich der unterschiedlichen Kommunikation von Hund und Katze geschuldet, dass diese beiden Spezies sich wie Hund und Katz benehmen. Aber zum Glück verstehen wir Hunde- und Katzenmenschen uns. Und das sogar ziemlich gut. Der Große indes scheint der Ponyfrau ihr Begrüßungszeremoniell nicht übel zu nehmen. Der freut sich jedes Mal, wenn sie zu Besuch kommt, und lässt sich erst einmal durchklopfen.

Shit happens

Wenn man so einen neuen Hund hat, muss man erst Erfahrungen damit sammeln, was der Hund verträgt und was nicht. Die einen sind da robuster als die anderen. Dass unsere Neue kein Büffelfleisch verträgt, musste der gute, neue Läufer vor der Terrassentür leidvoll erfahren. Was dahinten nach dem Verzehr einer entsprechenden Mahlzeit Nassnahrung rauskam, hätte in Menge und Konsistenz selbst von einem Büffel stammen können. Unglaublich!

Und der Göttergatte, der ansonsten alles andere als geruchsempfindlich ist, bestand darauf, dass wir alle Fenster und die Terrassentür sperrangelweit aufreißen. Wir hatten kurz überlegt, ob man die Nummer des Kampfmittelräumdienstes wohl im Telefonbuch findet. Oder in den Gelben Seiten. Aber da gibt es höchstens Tatortreiniger.

Im Vorfeld haben BB und ich uns darüber unterhalten, ob die Neue wohl stubenrein sein wird. BB erzählte mir, dass ihre Hündin, die zuvor auf der Straße gelebt hatte, nur einmal in die Wohnung gepinkelt hat. Und das war`s. Außerdem macht ein erwachsener Hund tendenziell nicht ins Haus. Oder (für die Variante Auslands- und Straßenhund) er lernt sehr schnell, das nicht zu tun. Ich war hoffnungsvoll.

Das Problem war nur, dass wir den Gruselfaktor „draußen" nicht bedacht hatten, was zu vielen nassen Hundebetten und einer Beinahe-Erhöhung der Wassergebühren geführt hatte. Aber zumindest das große Geschäft ließ sich zum Glück draußen erledigen. Hier gab es nur wenige Malheure. Doch auch wenn das Häufchenmachen draußen ging, so hatte dieser Aspekt es ebenfalls in sich. So ein Auslandshund, der sein gesamtes bisheriges Leben in einem riesigen Tierheim verbracht hat, ist vermutlich nie zuvor Gassi gegangen. Wie soll er da wissen, wie man das macht? Also das Hinhocken und so, das schon. Aber der ganze Rest. Die Etikette. Im Shelter gibt es keine Grünstreifen. Da wird gemacht, wo man ist. Und wenn die Neue musste, dann musste sie. Und zwar SOFORT. Das heißt, die hat bei uns in der Gegend alle Gehwege zugekackt. Ja, gekackt. Schöner kann man das nicht beschreiben. Und da sie aufgrund eines Darmparasiten eine Zeit lang ziemlich heftige Durchfälle hatte … Na ja, Sie können sich sicherlich vorstellen, wie das bei uns in der Siedlung aussah.

Ich bin sogar einmal mit einem Eimer Wasser und einem Schrubber bewaffnet mit dem Fahrrad losgefahren. Nur für den Fall, dass jemand bezeugen konnte, dass die Durchfallreste in Größe eines Kuhfladens von uns stammten. Ich hatte zwar den Großteil mit den Tüten wegmachen können, doch ein großer brauner Fleck befand sich leider direkt vor dem Gartentor eines Hauses in unserer Straße. Die gute Nachbarschaft wollte ich dann doch nicht überstrapazieren.

Ich hatte zwischenzeitlich sogar die Befürchtung, dass wir unser kleines Haus verkaufen und woanders hinziehen müssen, weil unsere Nachbarn uns verbannen würden. Aber zum Glück war diese Maßnahme nicht notwendig. Die Darmparasiten konnten besiegt werden, die Durchfälle hörten auf und das, was dann noch hinten rauskam, ließ sich mit einem Tütchen (also nicht mit dem zum Rauchen) ganz gut aufsammeln.

Hundehaltern und Eltern mit kleinen Kindern sagt man Ähnlichkeiten nach, vor allem, wenn sie neu in ihrer Funktion sind. Also die des Hundehaltens und die des Elternseins. So haben beide Spezies unbestreitbar einen gewissen Hang dazu, sich über die Hinterlassenschaften ihrer Schützlinge zu unterhalten.

Einen elementaren Unterschied zwischen Hundekacke und Kinderkacke gibt es dann doch. Das Kind kackt in den seltensten Fällen in die Hofeinfahrt der Nachbarn, wenn es Durchfall hat.

Ein weiterer Unterschied ist, dass Kinder nicht die Hinterlassenschaften ihrer Artgenossen mampfen. Bei Hunden hingegen kann das schon einmal vorkommen. Hundekacke fressen ist nicht so schön. Nicht nur, dass es für den Menschen ein wenig appetitliches Thema ist. Es kann auch gefährlich werden, wenn zum Beispiel die Hinterlassenschaften von Nachbars Fiffi mit Krankheitserregern verseucht sind. So ist es uns ergangen, als die Neue, wenige Wochen nachdem sie zu uns gekommen ist, Giardien hatte. Besagte Darmparasiten. Giardien, das sind kleine fiese Einzeller, die zu heftigen und zum Teil blutigen Durchfällen führen können.

Eine Behandlung ist unumgänglich. Und die hat es in sich. Gar nicht so sehr wegen des Medikaments, das ich ihr geben musste. Das schien recht gut verträglich gewesen zu sein. Aber um auch die Nachkommen der Nachkommen abtöten zu können, muss es fünf Tage in Folge gegeben werden, gefolgt von einer fünftägigen Pause. Dann wieder fünf Tage Medikamentengabe. Insgesamt fünf Mal. Jeweils mit der Pause dazwischen. Aber richtig in die Vollen geht es dann beim Begleitprogramm. Denn das heißt Putzen und Desinfizieren. Und zwar nach jedem einzelnen Durchgang der Medikamentengabe. Alle Hundedecken müssen als Kochwäsche gewaschen werden. Was nicht in die Maschine passt, muss gereinigt und desinfiziert werden. Ebenso wie die kompletten Fußböden im Haus. Und wer die Hinweise zu den Hygienemaßnahmen akribisch befolgt, macht anschließend mit dem Auto weiter. Die Hygieneempfehlungen gehen so weit, den langhaarigen Rassen die Locken am Poppes zu kürzen, damit hier nicht unbemerkt Eier haften bleiben, die eine neue Generation bilden. Eine Larifarieinstellung ist an dieser Stelle nicht empfehlenswert, denn damit gefährdet man den Behandlungserfolg und darf das ganze Prozedere im Zweifelsfall noch einmal von vorn beginnen. Da kann man schon einmal fünf Tage Sonderurlaub beim Chef beantragen. Denn nach Feierabend kriegt man dieses ambitionierte Putz- und Desinfektionsprogramm nicht hin.

In Bezug auf die Verdauung gibt es Gerüche, die brauchen keine weitere Erklärung. Ein Hundepups zum Beispiel kann sehr charakteristisch riechen. Gleiches betrifft das Aroma, das einen wissen lässt, dass man gleich putzen wird, sobald man zur Haustür herein ist. Man weiß lediglich noch nicht wo. Bei der Suche nach dem Wo muss man jedoch nur der Intensität des Geruches nachgehen. Wie der Hund, immer der Nase nach.

Die Neue ging unser Treppenhaus in den ersten Wochen weder rauf noch runter. Am Anfang war sie zu spackelig dafür. Das hätte sie gar nicht geschafft. Daher haben wir es auch nicht forciert. Selbst wenn wir mit dem Großen in den Keller gingen, um etwas Leckeres zum Kauen zu holen, kam sie nicht hinterher. Und das will was heißen.
Dann kam der Durchfall und wir haben den Korpus Delikti, wobei von Korpus konnte keine Rede mehr sein, in einem Raum in der ersten Etage gefunden. So haben wir festgestellt, dass sie jetzt also Treppe laufen kann. Wenn sie in unserer Abwesenheit ganz unbemerkt die obere Etage erklommen und erkundet hat, würde

mich ja wirklich mal interessieren, was die beiden sonst noch so treiben, wenn wir nicht da sind.

Die Wochen gingen dahin. Mit ihnen verschwanden die Durchfälle und es reifte sogar die Erkenntnis, dass man sich melden kann, wenn man rausmuss. So konnte ich vom Putz-Marathon zum Normalbetrieb zurückkehren und musste mich lediglich noch mit ein paar missmutigen Menschen befassen, denen das Geschäftliche am Hund per se missfiel.

Wir gehen mit etwas Abstand vor Leuten her, als sie sich auf einmal hinhockt und ihren Haufen macht. Ich ernte missbilligende Blicke, als die Leute an mir vorbeigehen. Also ich habe ihr nicht gesagt, dass sie nach einer Stunde Gassi gehen ihr Geschäft hier im Wohngebiet mitten auf den Gehweg machen soll. Da brauchen die mich gar nicht so anzugucken! Vielleicht brauchte sie erst die Bewegung. Oder sie dachte sich fünf Minuten von zuhause entfernt, jetzt pressiert es aber. Wer weiß das schon. Was hätten die erst gemacht, wenn sie uns zur Giardienzeit getroffen hätten?
Manche Menschen sind offenbar der Ansicht, dass man als Hundebesitzer dafür verantwortlich ist, wenn der Hund sein Geschäft irgendwo verrichtet. Dabei ist man doch dafür verantwortlich, dieses wieder zu entfernen. Für den ersten Schritt kann ich schließlich nichts. Außer vielleicht, dass ich vorne etwas reintue, was hinten wieder rauskommt. Jedoch die Entscheidung, wann das passiert, die treffe ich nicht.

Manchmal stelle ich mir folgenden Dialog vor:
Passant: „Hier darf nicht hingekackt werden. Da steht ein Schild!"

Ich: „Ich kacke hier ja auch nicht hin." Ich lasse eine kleine Pause und genieße sie. „Und mein Hund kann das nicht lesen. Die kann nur Bulgarisch."

Versucht habe ich es noch nie. Doch den Gesichtsausdruck stelle ich mir grandios vor.

Leider gibt es aber auch die Hundehalter, die eine gereizte Grundstimmung diesem Thema gegenüber bei Nichthundehaltern befeuern. Bei uns in der Nachbarschaft gibt es eine Frau, die grundsätzlich weitergeht, nachdem ihr mittelgroßer Vierbeiner sein Geschäft im Grünstreifen neben dem Gehweg verrichtet hat. Ich habe die noch nie etwas wegmachen sehen. Vielleicht sollte ich ihr mal eine Tube Pferdesalbe spendieren. Vermutlich hat sie Probleme mit dem Rücken. Oder mit den Knien. Denn sie scheint ja nicht herunterzukommen, um die Hinterlassenschaften ihres Hundes aufzusammeln.

Das Geld ist für mich kein Argument. Wenn ich mir die Kacki-Tüten nicht leisten kann, kann ich mir auch keinen Hund leisten. Finde ich. Denn wie will ich das mit dem Futter hinbekommen? Oder erst mit dem Tierarzt? Da sind die ersten dreißig Euro ja schon beim warmen Händedruck zur Begrüßung futsch.

Und – ei der Daus – in manchen Parks hängen sogar Boxen, wo man sich kostenlos bedienen darf. Auch wenn manche das für meinen Geschmack etwas zu wörtlich verstehen. Was da so mancher abzieht, reicht als Wochenvorrat für einen Wauzi locker aus. Ich habe mal einen Mann gesehen, der bediente sich bei dem Spender, ohne einen Hund dabeizuhaben. Bei dem, was der abgezogen hat, hätte der städtische Bedienstete den Nachfüllpack gleich so aushändigen können. Ernsthaft, was bitte schön machen die Menschen mit solchen Mengen? Hat denen noch keiner erzählt, dass die Boxen regelmäßig nachgefüllt werden? Die müssen sich keinen Jahresvorrat anlegen. Oder eignen sich die Tüten etwa als Gefrierbeutel?

Mein Wort zum Sonntag, auch wenn Sie dieses Buch gerade an einem anderen Wochentag lesen: Im Leben trifft man immer wieder auf notorische Verweigerer. Mit Corona ist die Zahl der Verweigerer stark gestiegen. So gibt es Impfverweigerer, Testverweigerer und Maskenverweigerer. Und bei den Hundeleuten hält sich hartnäckig die Spezies der Tütenverweigerer. Sie sehen, wie alle anderen Verweigerer, nicht ein, warum sie eine gewisse Tätigkeit ausüben sollen. In diesem Fall ist die Tätigkeit recht simpel, nämlich Tüte abreißen, über die Hand ziehen, Häufchen aufnehmen, Tüte umstülpen, zuknoten, Mülleimer suchen und wegschmeißen, fertig. Eigentlich kein Akt, oder?

Mal ehrlich, liebe Tütenverweigerer und Tütenverweigerinnen. Es sieht nicht so schön aus, wenn ihr das Häufchen eures Hundes liegen lasst, man kann reintreten und es ist ein vermeidbares Ärgernis zwischen uns Hundebesitzern und den Nichthundebesitzern. Es ist ein kleiner Schritt für einen Menschen, aber ein großer für ein friedliches Miteinander von Hundeleuten und Hundelosen.

Ich als Frauchen finde das im Übrigen auch nicht so prickelnd, durch eine Köttelallee zu waten. Und für all die Leute, die wie ich einen Tierschutzhund haben, der noch nicht realisiert hat, dass die Hungerzeit vorbei ist, wäre es sehr hilfreich, wenn ihr euren Scheiß einfach mal wegräumen würdet. Vielen Dank!

Wie man ein Geschirr anzieht

Wie wir dem Großen sein Geschirr anziehen:
Wir nehmen das Geschirr aus der Kiste, der Große kommt freudig zu uns, taucht freiwillig mit dem Kopf durch und wir können das Geschirr schließen. Der Große freut sich, dass es jetzt raus geht.

Variation:
Nachdem er freudig zu uns gekommen ist, streckt er sich kurz vor dem Geschirr (vorne tief, Poppes in die Luft). So können wir einem gaaaaanz langen Hund beim Geschirrüberstreifen noch einmal extra den Bauch kraulen.

Wie wir der Neuen ihr Geschirr anziehen:
In den Anfängen …
Gar nicht.
Im Liegen (der Hund).
Auf dem Rücken liegend im Körbchen (auch der Hund, besondere Herausforderung für Frauchens Rücken).

Variationen von chaotisch bis na bitte …
Sie bleibt liegen.
Sie läuft weg.
Sie spielt „Fang mich doch!" mit Herrchen.
Es erfordert zwei Personen und vier Hände, um sie einzufangen und verletzungsfrei ins Geschirr zu manövrieren.
Sie wird von Frauchen kommentarlos eingefangen und mit dem Poppes zwischen die Beine geklemmt, damit Frauchen zwei Hände frei hat, um ihr das Geschirr anzuziehen.

Sie läuft weg, kommt aber wieder, wenn sie mitkriegt, dass der Große Kekse bekommt (die leckeren weichen Lachsknöchelchen). Sie rennt wie ein aufgescheuchtes Huhn in der Gegend herum, fängt an, frech zu bellen, und bringt damit zusätzlich den Großen in Aufregung. Meistens steht dann der Große zwischen ihr und dem Menschen mit dem Geschirr in der Hand, was das Anziehen auch nicht gerade erleichtert.

Und heute ...
Sie kommt zusammen mit dem Großen zur Tür und möchte ihren Keks haben. Sie schaut zu, wie der Große in sein Geschirr eintaucht und dafür seinen Keks bekommt. (Der hat beim ersten Mal vielleicht überrascht geguckt, als es **dafür** einen Keks gab. ;o) Die Neue ziert sich etwas, weil sie es nicht mag, wenn man ihr das Geschirr über den Kopf zieht. Sie lässt es sich aber von einer Person mit zwei Händen anziehen und schnappt sich ihren Keks. Der Große freut sich, dass es jetzt endlich losgeht. Die Neue freut sich, dass es nach der Tür einen weiteren Keks gibt.

Ich sage es ja immer. Motivation ist alles. Und ganz viel Geduld ...

Hundebegegnungen 2:1 – wenn der Bürgersteig zu eng wird

Eine etwas rundliche Frau mit Yorkshireterrier kommt uns auf einem schmalen Pattweg entgegen. Der Große ist schon ein wenig am Pumpen. Deswegen sortiere ich mich, ihn und die Neue sowie den in der Hand befindlichen Kotbeutel auf die rechte Seite, damit wir aneinander vorbeigehen können.

Ich höre die Frau „Ne, du bist auch schön lieb. Du sollst nicht bellen" quäken. „Nimm dir ein Beispiel an den beiden." Er nimmt sich kein Beispiel und sorgt mit seinem Benehmen stattdessen dafür, dass der Große sich noch ein wenig mehr aufplustert. Das kleinere Tier zu meiner rechten steht vorne in der Leine und unterstützt seinen großen Kumpel mittlerweile nach Leibeskräften. Also setze ich die beiden neben mir ab und belohne sie mit einem Keks. Für die Nähe zum Randalen klappt das erstaunlich gut. Die Frau nimmt indes ihren Yorkshire auf den Arm mit den Worten: „Das machen wir jetzt mal ganz einfach. Guck mal, wie lieb die beiden sind. Nimm dir mal ein Beispiel an denen." Mein Kommentar wäre am liebsten gewesen: „Dafür muss man sie aber auch erziehen." Also ich habe noch nie versucht, meinen vierunddreißig Kilo schweren Rüden in brenzligen Situationen an anderen Hunden vorbeizutragen.

Ich gehe, mal wieder, einen schmalen Pattweg entlang, der an einem Wasserspiel vorbeiführt. Eine Frau mit ihren beiden Kindern und einer Französischen Bulldogge mit ziemlich großen Glubschaugen bevölkern den Weg. Die Frau Mama ist damit beschäftigt, ihren Nachwuchs beim Fahrradfahren und Balancieren auf dem Bauwerk abzulichten. Die Glotzi-Bulldogge steht da und guckt in unsere Richtung. Mein Großer empfindet das leider, wie so häufig, als einen Affront. Er legt den Kopf tiefer und fängt seinerseits an zu starren. Ich bitte die Frau, ihren Hund etwas aus dem Weg zu nehmen, da dieser ja nun ziemlich schmal ist. Sie schaut mich irritiert an und meint: „Ja, meiner macht aber nichts." Ich entgegne: „Das kann schon sein, aber meine Lütte hat Angst vor Kindern, speziell wenn sie herumtoben. Das ist ja vollkommen in Ordnung, nur will die dann nicht vorbei. Und mein Großer hier ist nicht gerade erfreut, dass wir so eng an einem fremden Hund vorbeimüssen." Daraufhin entgegnet die Frau frech: „Ja, das ist nicht mein Problem. Wenn Sie hier mit zwei Hunden lang wollen …" Daraufhin schaue ich demonstrativ auf die Bulldogge und sage: „Nö, da haben Sie wohl Recht. Ihr Problem wird das nicht." Der Große an meiner Seite pumpt zur Verdeutlichung.

Entschuldigung, aber an manchen Tagen bin ich echt genervt. Kann man nicht einmal unter Hundeleuten ein wenig Rücksicht aufeinander nehmen? Das war jetzt nicht gerade nett. Ich weiß. Aber offensichtlich verständlich. Die Frau räumt sich und Glotzi mit einem bösen Blick beiseite und wir können an dem Ganzen vorbei. Der Große imponiert noch so ein bisschen vor sich hin. Aber prinzipiell können wir weitergehen. Geht doch!

Ich bin mit meinen angeleinten Hunden unterwegs. Hier auf dem Friedhof herrscht Leinenpflicht. Auch wenn unser Friedhof weitläufig ist und einem Park gleicht, so ist und bleibt er ein Friedhof. Da versteht sich der angeleinte Hund von selbst, finde ich. Eine Frau mit ihrem unangeleinten Bettvorleger kommt um eine Ecke. Ich habe sie nicht kommen sehen. Der Bettvorleger stürmt auf seinen kurzen Stummelbeinchen auf uns zu. Der Überfall überrascht mich. Den Großen auch. Der prescht hinter mir lang, die Neue vor mir. Sie wickeln mich einmal ein. Es gibt ein großes Gekläffe. Bevor ich mich hier noch langlege, mache ich den Großen von der Leine. Der klärt die Situation einmal kurz mit lautstarkem Gebrummel. Die Frau ist furchtbar erschrocken und wähnt ihr Hündchen des Todes. Doch der verhält sich endlich so, wie es sich für einen Hund seiner Größe gehört. Er hält die Klappe und trollt sich. Der Große hat schlicht daran erinnert. Kurz, deutlich, unblutig. Hundesprache eben. Und jetzt ist auch wieder gut. Leider verstehen das manche Hundebesitzer nicht, speziell solche, die mit so kleinen Tierchen unterwegs sind. Sie haben häufig weder eine Einschätzung davon, wie Hunde normalerweise miteinander kommunizieren, noch wissen sie, dass es furchtbar unhöflich ist, wenn ein Hund kläffend und pöbelnd auf einen anderen zurennt. Auch wenn er klein ist. Zudem scheinen viele der Ansicht zu sein, dass man kleine Hunde nicht erziehen muss. Denn sie sind ja so niedlich. Doch auch wenn ein Hund so klein und in den Augen seiner Besitzer niedlich ist, in den Augen anderer Hunde ist so eine verbale Frontalattacke nicht niedlich und bedarf zur Klärung einer entsprechenden Antwort.

Als die Frau feststellt, dass ihr Hund überlebt hat, noch dazu in einem Stück, verfällt sie in eine Vorwurfshaltung. Wie ich meinen großen Hund hier einfach so ableinen konnte. Vermutlich genauso wie sie ihren – vom Karabiner.

Die Innenstadt unseres schönen Städtchens umzieht ein Grüngürtel. Dieser wird gerne von Joggern, Radfahrern, Spaziergängern und natürlich von Gassigängern genutzt. Wir sind hier nur selten unterwegs, doch wenn, dann gibt es immer eine Menge zu schnüffeln. Wir sind schon fast wieder am Auto, da sehe ich durchs Gebüsch hindurch, wie eine Frau mit Hundeleine in der Hand dort reinkommt, wo ich gleich rauswill. Also warte ich einen

Moment, damit es nicht zu Konflikten kommt. Noch bevor die Frau den Weg betritt, kommt ihr Hund um die Ecke gepest. Sorry, mal wieder die kleine Kläffervariante. Und der ist nicht auf Konfliktvermeidung aus, sondern rennt mit lautstarkem Getöse auf meine beiden zu. Frauchen, nun endlich auch in Sichtweite, erschrickt kurz, als sie sieht, was ich da an der Leine habe, und ruft hektisch nach ihrem Paco. Paco indes scheint nicht zu wissen, was so grundsätzlich gut für ihn ist, denn er stoppt keinesfalls vor uns ab, wie neunundneunzig Prozent aller Hunde das tun würden. Er rennt zwischen meine beiden angeleinten Hunde. Der Große muss Buddhas acht Kostbarkeiten zum Frühstück gehabt haben, so gechillt, wie der reagiert. Denn außer ein bisschen Gebrummel ist von dem nichts zu hören. Und auch als der Terrorkeks einen Moment kläffend zwischen meinen verweilt, schaut der Große nur herab. Daher fahre ich meinen Puls runter und hoffe, dass die Frau ihr Tier nun langsam mal eingesammelt bekommt. Doch alles „Paco, Paco"-Schreien hilft nichts. Paco umrundet meine, steuert kurz auf Frauchen zu, um erneut Attacke zu laufen. Das Einsammeln dauert dann etwas, klappt aber zum Glück, noch bevor die Dunkelheit einsetzt. Ich komme nicht umhin, der Frau mitzuteilen, dass das gerade aber nicht ungefährlich für ihren Hund war. Wenn der Große nicht so ein Netter wäre, trotz aller Motzerei, die er an den Tag legen kann, dann hätte das auch übel ausgehen können. Schließlich kann so ein kleiner Terrorkeks auch mal geschreddert werden. Ihre Antwort darauf finde ich originell. Sie meint, das Grün sei jetzt so hoch gewachsen, da kann sie gar nicht mehr sehen, wer da kommt.

Interessante Weltsicht. Möllern Sie mal die Omi auf dem Fahrrad um und sagen dann vor Gericht: Herr Richter, ich konnte die gar nicht sehen. Die Hecke war so hoch gewachsen … Nur mal so als Anregung.

Es sind aber nicht nur schmale Wege und kleine Hunde, die zu Aufregern führen können. Speziell größere Hunde sind eigentlich ein Thema für den Großen. Die Kombination aus groß, plötzlich nah und fremd führt regelmäßig dazu, dass ich den Großen daran erinnern muss, dass ich eine andere Vorstellung davon habe als er, wie man sich in einer solchen Situation verhält. Und eigentlich dachte ich, dass wir uns auf meine Vorstellung geeinigt hatten. Leider wird diese regelmäßig noch einmal hinterfragt.

Die Bulgarin hingegen ist mit anderen Hunden völlig cool. Die wird maximal ein wenig flippig, wenn sie mit ihnen spielen möchte. Oder wenn sie auf unkastrierte Rüden trifft. Dann geht kurz die Beherrschung flöten. Aber ansonsten, denke ich, ist die mit anderen Hunden total verträglich. In den seltenen Fällen, in denen wir mal mit ihr allein unterwegs sind, hört man keinen Ton von ihr. Entweder gehen wir so an anderen Hunden vorbei, oder es wird einmal interessiert geschnüffelt. Gekläffe jedoch gibt es nicht. Ganz anders kann das aussehen, wenn sie mitkriegt, dass der Große sich aufregt über einen Artgenossen. Häufig fängt sie dann an zu bellen, während er noch prustet. Und wenn sie bellt, ist es mit seiner Contenance meist vorbei. Hieraus können Dynamiken entstehen.

Es gibt ein paar Hunde, die sind das sprichwörtliche rote Tuch für den Großen. Auch wenn sie braun sind. Oder schwarz-weiß. In der Nachbarschaft gibt es Leute, die haben Doggen. Eine männliche Dogge kann schon ziemlich imposant aussehen, wenn sie irgendwo im Weg herumsteht. Wenn es sich allerdings um drei handelt, sind die echte Hingucker. Oder im Fall unseres Großen ein echter Aufreger. Das Ganze hat mittlerweile Historie, denn auch fünf Jahre Nachbarschaft haben nicht dazu beigetragen, dass sich die Gemütslage des Großen entspannt hat. Im Gegenteil: Die Doggen sind die erklärten Staatsfeinde. Und was habe ich mit ihm daran gearbeitet. An guten Tagen kann ich mit einer deutlichen Ansage und einem nur leicht pumpenden Vierbeiner an dem Grundstück der Staatsfeinde vorbeigehen. Leine kurz, andere Straßenseite und go. An schlechten Tagen reicht ein Grashalm, der sich im Wind bewegt, dafür aus, dass der Große die Beherrschung verliert und in die Leine scheppert. Ansagen, Hundekekse und deutliche Führung hin oder her. Die Beherrschung ist hart erarbeitet.

Aber der beharrlichen Arbeit sei Dank, überwiegen mittlerweile die guten Tage. Kürzlich war wieder so ein Tag, wo ich das Gefühl hatte, es sei ein guter Tag. Ich sage deutlich, dass wir hier weitergehen. Der Große kommt mit aufgeregt schlagender Rute an meiner Seite mit. Der Erregungslevel steht auf Gelb, die Beherrschung ist vorhanden und die Grashalme ruhen im Sonnenschein. Alles tutti so weit. Die Neue bekommt seine Aufregung jedoch mit und kläfft aus Solidarität erst einmal los. Damit ruft sie die Staatsfeinde aus dem Garten vors Haus. Bellend natürlich. Nun rastet der Große aus. Was zu erwarten war. Danke, Knickohr, das war jetzt nicht hilfreich.

Es gibt ganz unterschiedliche Ansätze, wie man mit einem Leinenpöbler durch das Leben kommt. Einer davon ist, den Abstand zu anderen Hunden so groß zu wählen, dass der eigene Hund die Situation noch schaffen kann. Das entspannt das ganze Thema ungemein und lässt zudem Platz für Erfolgserlebnisse für Hund und Halter. Manche Leute verstehen es jedoch nicht, wenn wir in etwas Entfernung stehen bleiben und nicht zu den anderen Hunden hingehen. Sie deuten das als unverträglich. Meine Hunde können wohl nicht mit den anderen … Aber das ist so nicht richtig. Denn nicht jeder freut sich über ein spontanes Zusammentreffen mit einem wildfremden Artgenossen an der Leine. Auch nicht alle Menschen umarmen sich, wenn sie sich sehen. Schon gar nicht, wenn sie sich zuvor nicht gekannt haben. Das ist wie mit Corona. Ein bisschen Abstand halten ist das Gebot der Stunde.

Situationen, in denen es zu Missverständnissen bezüglich Nähe und Distanz in der Hundebegegnung gekommen ist, gibt es zuhauf. Sie könnten mehr als ein Kapitel füllen. Stellvertretend hierfür schildere ich eine Situation aus unserem ersten gemeinsamen Winter, während meine Socken über der Heizung hängen und trocknen.

Ich verstehe es nicht. Ich stehe schon in der Pampa. Ich habe mich über eine ein Meter hohe Schneewehe ins Dickicht gekämpft. Der Schnee schmilzt, wo er sich von unten in die Hosenbeine gedrückt hat, und sickert in meine Socken. Trotzdem lasse ich den Leuten den kompletten Weg, um an uns vorbeizugehen. Ich bin stets bemüht, meine Trainingsansätze auch konsequent umzusetzen. Selbst wenn das nasse Socken bedeutet. Doch die Leute scheinen sich keine Gedanken darüber zu machen, warum ich wohl eine Schneewehe ausgesucht habe, um meine Hunde und mich dahinter zu parken. Sie steuern immer weiter auf mich zu. Selbst wenn ich sage „Können Sie bitte etwas Abstand halten?", sagen sie „Ja" und lassen ihren Hund einen Meter vor dem Großen rotieren. Was stimmt mit denen nicht? Das betrifft sogar bekannte Hundehalter. Es gibt einen Boxer, den der Große bereits als Welpe kennengelernt hat. Der freut sich immer wie Bolle, wenn er den Großen sieht, und lässt sich an seiner Flexileine kaum bändigen. Für den Großen ist das O. K. Er weiß, dass ich mich dazwischenstelle, wenn er ihm zu wild wird. Ansonsten freut auch er sich, die wilde Knautschnase zu sehen. Der Besitzer ist immer etwas reserviert. Ich glaube, er ist schlicht überfordert mit dem Übermut und der Kraft seines Hundes. Hinzu kommt wahrscheinlich die Befürchtung, dass sein Hund mal von einem anderen großen Hund eins übergebügelt bekommt, weil der immer so wild ist.

Aber grundsätzlich gab es, wie gesagt, noch nie Probleme mit den beiden. Das änderte sich auch nicht, als unser Neuzugang hinzukam. Die freut sich, wenn sie die Knautschnase sieht, und flippt ihrerseits immer etwas rum. Der Boxer ist ein unkastrierter Jungspund. Das ist an sich ja kein Thema. Problematisch finde ich es jedoch, wenn sich eine zwei Zentimeter dicke Eisschicht unter meinen Füßen befindet. Meinen Sicherheitsabstand wähle ich lediglich, weil ich mich nicht auf die Klappe legen will. Wenn das Eis weg ist, können die sich ja wieder begrüßen. Das Herrchen der Knautschnase scheint das nicht zu verstehen. Der steht da mit drei Metern Flexileine in seiner Hand und lässt den Jecken lostoben. Der ist halt so. Jo. Im Geiste sehe ich mich schon unter drei tobenden Vierbeinern liegen, im Bemühen, nicht von meinen eigenen Leinen erwürgt zu werden.

Gassi international – unter Freunden

My best Buddy ist das, was man hierzulande als „mein bester Kumpel" bezeichnen würde. Eine meiner besten Kumpelinen, BB, kenne ich nun schon eine ganze Weile. Wir haben uns in der Hundeschule kennengelernt. Wir waren zwar nicht in derselben Huschu-Gruppe, doch wir haben am gleichen gruppenübergreifenden Wochenendseminar teilgenommen. Anti-Jagd-Training. Wir hatten es beide nötig.

Wenn man es genau nimmt, haben unsere beiden Jungs das für uns klargemacht. Also dass wir etwas miteinander unternahmen und uns so kennenlernten. Denn die beiden verstanden sich auf Anhieb gut und machten, keiner dem anderen etwas gebend, in den Pausen jede Menge Quatsch. Und da sie ähnliche Kaliber auf Nasenhöhe waren, was man ja nun auch nicht jeden Tag trifft, verabredeten wir uns auch mal außerhalb der Hundeschule. Um die Hunde flitzen zu lassen. Nicht jagen. Meistens hat es geklappt. Ähem, ja, einmal haben sie auf einige Distanz einen Irish Red Setter mit einem Reh verwechselt. Zum Glück ist es ihnen noch rechtzeitig aufgefallen. Denn der sichere Abruf hatte irgendwie noch nicht so ganz gesessen zu diesem Zeitpunkt.

Die Begrifflichkeit „best Buddy" lässt sich bei Männlein wie Weiblein benutzen. Ein bisschen häufiger wird sie jedoch in der Männerwelt verwendet. Schließlich ist der Kumpel eher ein Kerl. Da meine Freundschaft mit BB jedoch auch eine handfeste und grundsolide ist, passt der best Buddy für uns wie der Karabiner an das Hundegeschirr. Wir machen nicht so diesen typischen Mädelskram. Wir sind mit den Hunden unterwegs.

Die Ponyfrau bezeichnete BB unbekannterweise einmal als meine Freundin vom Gassi-Club. Wenn die Hunde sich mal nicht benehmen können und rumpöbeln, können wir uns auch die Gassi-Gang nennen. Finde ich sowieso etwas besser. Gassi-Club hört sich so nach Buchclub an. Und nur, falls sich das jemand gefragt hat: Wir Mädels benehmen uns eigentlich fast immer und pöbeln so gut wie nie.

BB ist meine erste Ansprechpartnerin, wenn es um Hundethemen aller Art geht. Mit ihr kann man so herrlich fachsimpeln. Egal, ob es die eigenen Hunde betrifft oder andere. BB ist zudem im Tierschutz aktiv. Da gibt es immer eine Fellnase, über die es etwas zu berichten gibt.

Wenn ich mit BB den Wald unsicher mache, sind wir international unterwegs. Und die Deutschen sind dabei definitiv in der Minderheit. Neben Russland und Bulgarien sind dann auch Zypern und Polen vertreten. Und als BB mal ein Pflegefellchen aufgenommen hatte, war zudem Rumänien mit von der Partie.

Es ist mal wieder Sonntag und ich bin mit BB und den Hunden unterwegs. Meine beiden, ihre beiden und sie hat noch ein Pflegefellchen dabei. Fünf Hunde, zwei Menschen. Uns kommen Leute entgegen, die uns fragen, ob wir professionelle Gassigeher sind. Wir fühlen uns ein bisschen geschmeichelt. Sieht wohl gut aus, unser Handling mit den Hunden. Im weiteren Gespräch stellt sich heraus, dass sie lediglich gefragt haben, weil wir zu zweit so viele Hunde dabeihaben. Die würden ja wohl nicht alle uns gehören, oder? Aus diesem Blickwinkel betrachtet hört sich das dann eher so ein bisschen an wie bei den Flodders.

Tierisch menschliche Begegnungen

Begegnungen können nicht nur mit entgegenkommenden Hunden zur Herausforderung werden. Auch Menschen erfordern bisweilen ein wenig mehr Aufmerksamkeit. Zumindest, wenn man mit einer Angstnase unterwegs ist.

Jemand kommt uns auf dem Bürgersteig entgegen. Die Neue weicht aus. Ich schiebe mich schützend zwischen sie und den Menschen. Dieser missversteht das und meint: „Ich habe keine Angst vor Hunden."

„Das kann ja sein. Aber sie hat Angst vor Menschen."

Im Wald. Anderer Ort, gleiche Situation. Ich nehme die Hunde beiseite, um der Neuen ein wenig Raum zu geben. Die Leute deuten das falsch und loben, dass meine Hunde aber gut erzogen sind. O. K., da lässt sich ja erst einmal nichts gegen sagen. Die Frau sagt: „Oh, die hören aber gut." Der Mann bedankt sich und fragt: „Ist Ihr Mann denn auch so gut erzogen?" Ich flapse zurück: „Was meinen Sie, warum ich den wohl zuhause lasse?"

Besonders deutlich zeigt die Neue ihre Angst draußen, wenn uns Passanten entgegenkommen und sie nicht flüchten kann. Schließlich hängt sie an mir, also zumindest mit der Leine. Und ich neige dazu, an anderen Menschen einfach vorbeizugehen. Ein sehr ängstliches Erscheinungsbild von ihr kann schon Mitleid erregen, was manche Menschen, vor allem wildfremde, am liebsten noch auf dem Bürgersteig wegtherapieren möchten.

Diesen Klassiker dürfte jeder Hundebesitzer kennen, der einen ängstlichen Hund hat.

Der Hund so: Rute geklemmt, Ohren angelegt, Augen weit geöffnet, Hinterteil leicht abgesenkt und Rückwärtsgang eingelegt.

Passant zum Hundehalter gewandt:

Oooooooch, hat der Angst?

Passant zum Hund gewandt:

Hast du Aaaangst?

Du brauchst doch keine Angst zu haben.

Ich tu dir doch nichts!

Na komm doch mal zu mir, Schätzchen.

Mit jedem Satz wird die Stimme verständnisvoller und eindringlicher. Mit jedem Satz wird der Blick zum Hund durchdringender. Mit jedem Satz beugt sich die Person mehr zum Hund. Und mit jedem Satz möchte das angesprochene Schätzchen nur eins: möglichst weit weg. Und zwar sofort. Ein „Na komm doch mal zu mir" ist so ziemlich das Letzte, was ein solcher Hund jetzt möchte.

Liebe Leute, auch wenn Sie es wirklich gut mit einem ängstlichen Hund meinen und Mitleid mit ihm haben, Sie helfen ihm nicht. Ganz im Gegenteil. Sie sorgen in genau diesem Moment dafür, dass der Hund sich einmal mehr in seine Angst vor Menschen hineinsteigert. In diesem Fall ist Ignoranz der beste Ratgeber. Ignorieren Sie den ängstlichen Hund und praktizieren Sie, was Corona uns alle gelehrt hat – halten Sie Abstand!

Solche Hunde brauchen kein Mitleid. Sie brauchen klare Führung durch ihren Menschen, damit sie sich an ihm orientieren können. Eine körperliche Pufferzone, die im Bedarfsfall Schutz und Sicherheit vermittelt. Und die Ignoranz von allen anderen. Ignoranz im besten Sinne, nämlich in der Bedeutung von ignorieren, das heißt: Guck mich nicht an, sprich mich nicht an und fass mich auf keinen Fall an! Aber das wäre in unserem Fall auch überhaupt nicht möglich.

Manche Menschen finde ich eigenartig. Ihre Reaktionen auf meine Hunde sind eigenartig. Aber wahrscheinlich haben sie einfach nur schlechte Erfahrungen mit Hunden gemacht. Oder gar keine.
Mir kommt eine Frau auf dem Bürgersteig entgegen, die mich allen Ernstes fragt, ob die, also meine beiden, sie jetzt beißen würden. Und sie sieht nicht so aus, als ob sie mit mir herumflachsen will. Der Große hat seine Nase in der Hecke vergraben. Er ist derart in die Tageszeitung vertieft, dass er noch nicht einmal Notiz von der Frau genommen hat. Vermutlich ist er gerade bei den Kontaktanzeigen angekommen. Und die Neue hatte sich dienstbeflissen hinter mir zurückgezogen, als sie die Frau näher kommen sah. Nicht der Ansatz einer Aggression. Natürlich nicht. Der Große hat kein Thema mit Menschen. Und das Thema der Neuen, in Bezug auf Menschen, lautet Flucht. Also so ziemlich das Gegenteil von Angriff. Wenn die Frau mich gefragt hätte, ob der Weihnachtsmann rote Socken trägt, hätte mich die Frage nicht mehr überraschen können. Ihre Frage hat also so rein gar nichts mit meinen beiden Hunden zu tun, lediglich mit ihrem Auftauchen. Vielleicht weil es zwei Hunde sind, vielleicht weil so ein großer Hund dabei ist oder aber es liegt an der Schäferhundoptik. Manche Menschen älteren Semesters haben als Kinder auch schlechte Erfahrungen mit Hofhunden gemacht. Das waren nicht selten Schäferhunde, die schlicht ihren Dienst geleistet haben. Und da wurde vielleicht auch mal in das eine oder andere Hosenbein eines Kindes gezwickt.
Ein anderes Mal fällt die Reaktion einer Frau durchaus heftiger aus. „Halten Sie den kurz!" Sie deutet aufgeregt auf den Großen. „Sie müssen den kurz halten!", keift sie mich an. Ich habe den

schon kurz. Wenn ich den noch kürzer halte, stranguliere ich den armen Kerl.

Uns kommt ein Mann auf dem Bürgersteig entgegen. Und eigentlich nur, damit er nicht auf Konfrontationskurs zu der Neuen läuft, nehme ich die Hunde auf die ihm abgewandte Seite und laufe einen kleinen Bogen. Der Mann zieht eine Grimasse und guckt mich mit einem nicht zu deutenden Blick an. Ich grüße freundlich. Er guckt zu den Hunden und meint: „Bissig?"
„Ne, am ehesten Frauchen", entgegne ich … bissig.

Und wieder kommt uns ein Mann entgegen. Er entpuppt sich als aufdringlicher Fütterer und kommentiert sein Tun mit den Worten: „Macht doch nichts. Das eine kann er doch. Ich hab nichts dagegen." Der Große auch nicht. Ich schon. Meine Antwort kommt klar und deutlich zurück: „Ich möchte nicht, dass mein Hund von fremden Menschen auf der Straße gefüttert wird." Der Mann meint, altklug sein zu müssen, und sagt: „Sie haben aber zwei Hunde." Altklug kann ich auch. Ich deute auf den Großen: „Mein Hund", und deute auf die Bulgarin: „Mein Hund. Alles klar?" Daraufhin gehe ich straight unserer Wege.
Der Große findet mein Weitergehen bedauerlich, da er den Keks ja schon fast in seinem Maul wähnte, und der Mann zieht einen Flunsch. Aber das kleine Teufelchen auf meiner Schulter hat ein fettes Grinsen im Gesicht.

Zwei Leute sitzen auf der Parkbank und beobachten mich mit meinen beiden Hunden. Als ich sie für etwas mit einem Keks belohne, meint der eine zum anderen: „Ach, guck mal, da gibt es Kekse. Wenn du dich lieb danebensetzt, bekommst du bestimmt auch einen." Ich bin gut drauf und scherze mit. „Ich hätte sogar zwei Sorten im Angebot. Einmal Rind und Ross, die sind eher knusprig. Und die zahnfreundlichen wären mit Lachs und Hühnchen. Die habe ich noch in der Tasche." Der Angesprochene lehnt dankend ab. Aber wir lachen alle einmal herzlich zusammen. Hunde sind im Endeffekt doch ein kommunikatives Element. Hunde verbinden und können ein Türöffner für andere Menschen sein. Manchmal fängt man mit wildfremden Menschen an zu quatschen, was völlig normal und in Ordnung erscheint. Ohne Hund kann das etwas ganz anderes sein.

Heute ist eine besondere Veranstaltung in der Hundeschule. Der Göttergatte hat keine Zeit und ich beschließe, nur mit dem Großen hinzugehen. Das ist dann mal ein bisschen Frauchen-Prime-Time für den Großen. Das wird ihm gefallen. Es ist schon ein Weilchen her, dass wir beide allein etwas zusammen gemacht haben. Die Hundeschule muss coronabedingt ja leider schon seit längerem ausfallen. So sind wir jetzt immer zu dritt. Oder zu viert. Auf jeden Fall bin ich mit acht Pfoten unterwegs. Nun also zweieinhalb Stunden nur für den Großen.

Als wir zurückkommen, kann ich ihn mit gutem Gewissen allein zuhause lassen. Der ist auf seine Kosten gekommen und hatte seinen Spaß. Der wird jetzt erst einmal ratzen. Also drehe ich nun eine Runde mit der Neuen. Auch das kommt äußerst selten vor. Wie gesagt: Wenn, dann bin ich mit acht Pfoten unterwegs. Auf unserem Gang treffen wir eine Frau, bei der mir sofort ihr trauriger Blick auffällt. Sie macht ein Gesicht wie sieben Tage Regenwetter. Oder noch schlimmer. Da wird doch wohl keiner gestorben sein? Wir kommen ins Gespräch, da wir uns schon lange bei unseren Spaziergängen treffen. Nach einer vorsichtigen Begrüßung wird sehr schnell klar, dass es ganz anders ist, als ich vermutet hatte. Denn sie dachte, ich hätte einen Verlust zu verschmerzen, nämlich den des Großen. Da sie mich immer nur mit beiden Hunden sieht, ist das ihr Bild von uns. Und als sie mich jetzt nur mit unserem Neuzugang gesehen hat, dachte sie das Schlimmste. Ihr Blick war gar nicht traurig. Er war mitleidig.

Ich habe ein Problem mit dem Thema Sterben. Allein die Vorstellung, den Großen eines Tages gehen lassen zu müssen, hat eine sofortige Schleusenöffnung zur Folge. Die nachfolgende Begebenheit war jedoch eher amüsant als traurig.

„Ihr Hund lebt ja doch noch." Ich schaue etwas verwundert die Leute an, die das sagen. „Ja", meine ich, „dem geht's gut. Der war jetzt auch weder krank noch verletzt." Im weiteren Gespräch stellt sich heraus, dass irgendwer aus der Nachbarschaft gesagt hatte, dass einer meiner Hunde gestorben sei. Der Große wohl. Zum Glück nicht. Wir rätseln ein bisschen, wie es wohl dazu gekommen war. Derweil sitzt der Totgesagte quicklebendig neben mir und scheint zu überlegen, ob er die Hündin der Leute nicht doch noch einmal anpampen könnte. Der Mann meint dann: „Na ja, vor drei Jahren soll er ja schon einmal gestorben sein." Das muss dann die Situation mit dem Mett vor dem Kinderspielplatz gewesen sein. Ich hatte zu der Zeit einigen bekannten Hundebesitzern erzählt, was uns passiert ist, damit sie etwas mehr aufpassen mögen. Aus einem vermuteten Giftköder schien dann ein Todesfall geworden zu sein. Wie sich Themen so verselbständigen. Aber wenn der Spruch „Totgesagte leben länger" tatsächlich zutreffen sollte, hoffe ich, dass weitere dieser Hiobsbotschaften die Runde machen. Denn dann haben wir noch viele schöne gemeinsame Jahre zusammen und der Große darf bei uns steinalt werden.

Der Garantieschein wird im Leben nicht mitgeliefert. Das sagt eine ältere Dame zu mir, deren Hündin kürzlich verstorben ist. Die Kleine hat ihr ganzes fünfzehnjähriges Hundeleben bei der Dame verbracht. Deren Mann ist vor zwei Jahren verstorben. Jetzt ist sie ganz allein zuhause. Nun ist es so still dort.

Die Frau erzählt mir, dass sie ihre Hündin hat einäschern lassen. Sie einfach beim Tierarzt zu lassen, kam für sie nicht in Frage. Und da sie in einer Mietswohnung lebt, konnte sie sie auch nicht im Garten vergraben. Ich frage sie, was sie mit der Asche machen möchte. Erst schweigt sie kurz, dann meint sie: „Nachts ist es dunkel." Und damit hat sie verdammt Recht. Wir stehen vor dem Grab ihres Mannes. Ihr Blick gleitet über die hübschen Blümchen, mit denen sie es bepflanzt hat. Ich nicke. Sie nickt. Mehr braucht es nicht, um zu verstehen.

Bulgarische Alarmanlage

Wenige Wochen nach ihrem Einzug haben wir festgestellt, dass zusammen mit der neuen Hündin eine Alarmanlage aus Bulgarien geliefert wurde. On top und frei Haus sozusagen. Die hatten wir gar nicht bestellt. Nun ist sie da, voll funktionstüchtig, und die Frage lautet: Wie lässt sie sich wieder ausstellen? Leider wurde vergessen, eine Bedienungsanleitung mitzuschicken.

Letzte Nacht wurde beispielsweise die Zeitungszustellung gemeldet. Die Alarmanlage ging los, als der Zeitungszusteller ans Haus trat. Um 2:20 Uhr. Ich finde ja, das ist schon sehr früh. Zugegeben, auch für den Zeitungszusteller. Der tut mir zwar leid, weil er um diese Uhrzeit arbeiten muss. Auf der anderen Seite weiß ich nicht, warum ich deswegen Nacht für Nacht mitleiden muss. Die Neue sieht das anders.

Mit zunehmendem Selbstbewusstsein und Interesse an der Umwelt entwickelt sich die Neue auch tagsüber leider zu einem Kläffer. Es muss alles kommentiert werden. War zu Anfang die Devise „Ich flüchte mal und bin am besten gar nicht da", hat man heute eine Meinung und die wird an vielen Stellen lautstark kundgetan. Und leider muss sie dabei auch immer das letzte Wort haben. Jede Korrektur, jeder Versuch eines Abbruchs wird mit einem weiteren „Waff, waff, waff" kommentiert. Manchmal komme ich mir echt nicht ernst genommen vor. Die Bulgarin schlägt mittlerweile selbst dann an, wenn jemand auf der anderen Straßenseite parkt und aus seinem Auto steigt. Spätestens wenn die Türen zugeschlagen werden. Ich finde ja, sie könnte zumindest aufhören, für die

Nachbarn mit zu kläffen. Sollen die sich doch selbst eine Alarmanlage zulegen.

Mit der Bulgarin und dem Großen haben wir jetzt also eine leistungsstarke Alarmanlage und einen wirksamen Objektschutz. Sie macht Krach für eine ganze Wachmannschaft und er steht in der vollen Pracht eines Schäferhundes vor der Tür und guckt. Vierunddreißig imposante Kilos. Das muss man sich erst einmal trauen, ungefragt daran vorbeizuwollen. Wir haben also ein Tier, das echt gefährliche Laute von sich gibt, wenn jemand zu Besuch kommt. Dieses Tier würde sich aber im Leben nicht trauen, freiwillig näher als vier Meter an einen Besucher im Haus heranzugehen. Und dann haben wir ein Tier, das ruhig und freundlich ist, das ich mir als Fremder aber keinesfalls zum Feind machen sollte. Es ist wirklich nicht immer alles so im Leben, wie es scheint.

Speziell die Entwicklung Fremden im Haus gegenüber ist sehr eindrucksvoll. Anfangs ist die Neue weggelaufen, hat sich ins Wohnzimmer verkrümelt und einen Zwang zum Gucken entwickelt. Heutzutage bricht die Hölle los, wenn es an der Tür klingelt. Dann steht sie so weit vorne, wie es ihr persönlicher Sicherheitsabstand zulässt, und die bulgarische Alarmanlage gibt alles. Da versteht man sein eigenes Wort nicht mehr.
Ein Besucher, der die Neue bisher nur einmal flüchtend im Wohnzimmer hat verschwinden sehen, ist beim neuerlichen Besuch überrascht, dass sie wie wild bellt. Das hätte er von dem schissigen Hund nicht erwartet. Ja, die Neue gibt es mittlerweile in Bild und Ton.

Als ich der Hundetrainerin mein Leid darüber geklagt habe, dass Besuch kriegen jetzt echt anstrengend geworden ist, war sie der Ansicht, dass wir das gleich in den Anfängen unterbinden sollten. Besuch ist weder zu kontrollieren noch zu kommentieren und schon einmal gar nicht sollte ich ihre Erlaubnis benötigen, überhaupt Besuch zu empfangen. Stattdessen sollte ich sie auf einen festen Platz, zum Beispiel in ihr Körbchen, schicken. Dieser Platz sollte so gewählt sein, dass er sich außerhalb der Schusslinie befindet und sie am besten auch nicht sehen kann, was bei uns so vorgeht. So hat sie am ehesten die Möglichkeit, zur Ruhe zu kommen. So weit der Plan. Da ist jedoch ein Problem. Denn sie hat so gar kein Interesse daran, zur Ruhe zu kommen. Stattdessen hat sie das dringende Bedürfnis, zu gucken, wer da ist. Sie muss einfach gucken. Das geht gar nicht anders. Sie steht fast wie paralysiert da, den Eindringling fest im Blick. So kann sie auch eine Stunde verbringen, wenn es sein muss. An Hinlegen oder gar Ablegen ist nicht zu denken. Ich versuche es trotzdem. Auf den Platz schicken geht schon einmal nicht. Also bringe ich sie hin. Ich muss sie faktisch in ihr Körbchen bugsieren, damit sie da auch ankommt. Und sobald ich gehe oder mich auch nur zum Gehen abwende, ist sie – schwupps! – wieder draußen und paralysiert im Stehen weiter vor sich hin. Ich bleibe hartnäckig. Schließlich will ich irgendwann auch mal wieder verstehen, was mein Besuch sagt, und mich nicht über das Hundegebell hinweg aus dem Wohnzimmer mit ihm anschreien.

Eine besondere Herausforderung ergibt sich, wenn man sich alleine um den Besucher und den aufgebrachten Hund kümmern muss. Klingelt zum Beispiel der Stromableser, muss man ihn einerseits ins Haus lassen und zur Ablesestelle im Keller führen und gleichzeitig soll man damit beschäftigt sein, den nicht sitzen bleibenden Hund wieder auf seinen Platz zu bringen. Immer und immer wieder. Da ist sie ausdauernd. Da könnte man schon einmal an die Grenzen der Geduld sowie des Zeitfensters des Stromablesers kommen. Auch der Paketbote hat es in der Regel eilig.

Es müssen Übungsobjekte her, Menschen also, die über Geduld und Zeit verfügen und noch dazu willens sind, sie in mein Hundetraining zu investieren. Denn im ersten Schritt werden diese Menschen erst einmal vor der Tür stehen gelassen. Ich brauchte schlicht einen, der klingelt. So kann ich in Ruhe und ohne schlechtes Gewissen den Hund auf seinen Platz bringen und dafür sorgen, dass er auch dort bleibt. Nach einigen Durchgängen habe ich ein bisschen ein schlechtes Gewissen. Ich hätte eine Illustrierte und einen Schokoriegel in das Fach für die Zeitung legen sollen. Oder zumindest eine Kanne Kaffee vor die Tür stellen. Und vielleicht einen Stuhl.

Praktisch ist das ohrenbetäubende Gekläffe hingegen bei Menschen, die mich vom gottlosen Leben bekehren wollen, oder aber bei Vertretern für Tiefkühlgerichte. Da kann man bedauernd nach drinnen nicken und das Getöse übertönen: „Ich würde sie ja gerne hereinbitten, aber …" Ich denke mal, dafür hat jeder Verständnis.

Ein Anbieter von ausgewählten Tiefkühlprodukten fährt auf den Hof. Dazu habe ich ihn nicht eingeladen. Die Hunde spitzen schon die Ohren. Kaum klingelt es, nimmt unsere Security ihren Dienst auf. Ich öffne die Tür einen Spalt, ohne die Hunde vorher auf ihre Plätze zu schicken. Die Neue neigt dazu, ihren Kopf zwischen Beine und Tür zu stecken, wenn sie dazu die Gelegenheit erhält. Sie muss unbedingt gucken, wer da Furchtbares kommt.

Dabei wird weiter beharrlich gekläfft. Bei manchen unerwünschten Klinglern lasse ich sie tatsächlich. Ich hoffe an dieser Stelle, dass die Hundetrainerin diesen Abschnitt überlesen wird. Denn Konsequenz ist wichtiger denn je. Ich weiß. Aber ich bin auch nur ein Mensch. Und manchmal halt ein genervter.

Der Tiefkühlkostvertreter versucht, Pluspunkte bei mir zu sammeln. Er lächelt die Krawallbürste freundlich an und meint: „Du bist aber ein niedliches Hündchen." Von niedlich hält sie jedoch gerade so gar nichts. Sie grollt und kläfft unbeeindruckt weiter. „Na ja", meine ich, „wohl eher unsere Alarmanlage." Er lächelt mich wissend an. „Aber hinter mir steht der Bodyguard. Und der ist weder niedlich noch ein Hündchen." Das wusste er nicht. Rums, Lächeln eingefroren.

Wir hätten sie Fusselchen nennen sollen – haarige Themen aus der Anfangszeit

Zwei Räume im Haus sind für die Hunde tabu. Im Schlafzimmer und im Badezimmer herrscht Betretungsverbot. Nachdem die Neue zu uns gekommen ist, war aber ziemlich schnell klar, dass wir hier eine Ausnahme machen müssen. Denn unser kleines Schlammkügelchen bedurfte dringenderweise einer Grundreinigung.

Man hatte uns bereits vorgewarnt, dass die Hunde in der Regel nicht so ganz sauber in Deutschland ankommen. Daher hatten sie uns geraten, den Hund einmal zu duschen, wenn er denn da ist. Das war ein sehr guter Ratschlag, denn ihr Winterfell war eine Symbiose mit dem Matsch des bulgarischen Shelters eingegangen. Haptisch, olfaktorisch und optisch war es dringend angeraten, sie einer Vollwäsche zu unterziehen.

Genau genommen hat sie das Badezimmer ja auch gar nicht betreten. Denn der Göttergatte hat sie hereingetragen. Dort habe ich in Schlüppi und Hemdchen bereits gewartet, um sie in der Duschkabine in Empfang zu nehmen. Zuvor hatte ich das Badezimmer mit Handtüchern ausgelegt und einen Stapel zum Abtrocknen dazu. Ich hatte den Göttergatten instruiert, die Duschtür in jedem Fall von außen gut zuzuhalten. Egal was passiert. Denn ich hatte nicht vor, das Bad neu zu tapezieren, nur weil sie, gut eingeweicht, dem gekachelten Bereich entfleuchen und alles mit einer Fontäne aus Matschspritzern überziehen kann.

Es war erstaunlich, wie viel Dreck sich in so einem Fell ansammeln kann. Nachdem ein sanfter, angenehm warmer Regen aus der Brause kam, fing ich an, sie von hinten nach vorne einzuweichen. Nach kurzer Zeit bahnten sich Schlammrinnsale ihren Weg vom Hund zum Abfluss. Minutenlang massierte ich braunes Wasser aus ihrem Fell. Ich war erstaunt, wie gut unser Neuzugang das mitmachte. In einer Duschkabine zu stehen mit einer Frau, die man gerade einmal einen Tag kennt, und nicht zu wissen, was die da mit einem macht, kann sicherlich beunruhigend wirken. Doch entweder war sie nach der langen Fahrt noch so erschöpft und gottergeben, dass sie zu keinen Fluchtversuchen im Stande war, oder sie hatte eine Idee davon, dass ich es mit ihr gut meinte.

Nachdem ich das Schlammkügelchen in ein halbwegs sauberes, dezent duftendes und triefend nasses Gerippe verwandelt hatte, ging es ans Frottieren. Hierfür schmiss mir der Göttergatte zwei Handtücher über die Tür der Duschkabine, jedoch nicht, ohne diese weiterhin akribisch zuzuhalten. Denn wer weiß, wann die Lebensgeister wiederkehrten und Madame der Ansicht war, dass jetzt mal Schluss mit lustig sei, und sie die Schnauze voll hatte von diesem Duschprozedere. Doch nichts dergleichen passierte. So trat nach gut zwanzig Minuten unter dem Schlamm-Fell-Gemisch eine niedliche kleine Hündin zutage. Und wir mussten noch nicht einmal renovieren. Ich war begeistert.

Kurze Zeit nachdem sie aus dem bulgarischen Winter ins warme Haus gekommen war, fing sie an, ihr Unterfell zu verlieren. Es trat als weiße Flocken büschelartig zum Vorschein. Die kleinen, weichen Büschelchen konnte man ihr so aus dem Fell zupfen. Das tat ich dann Abend für Abend, während ich neben ihrem Körbchen auf dem Boden saß. Ich hatte den Eindruck, dass sie dieses Gezuppel sogar genossen hat. Endlich hat sich mal einer um sie gekümmert. Und zwar nur um sie allein. Und so wurde nach und nach aus dem gerupften Entlein eine schöne kleine Schäfi-Mix-Maus.

Was war sie für ein Borstentier, als sie zu uns kam. Und was ist sie jetzt für eine Flauschemaus.

Manchmal kann mein Herr Papa richtig philosophisch sein. „Ja, das ist die Jahreszeit", sinniert er, während ich Fellknäule vom Boden aufsammele. „Da fallen die Blätter von den Bäumen und die Haare von den Hunden." Erwähnte ich schon, dass so ein Schäferhund ganzjährig haart? Junior sagt immer, mit dem, was sein Hund haart, könnte er ein ganzes Rudel stricken. Halloo? Was soll ich denn sagen? Der hat nur einen Hund. Und das ist ein Beagle-Mischling.

Als ich meinem Vater kürzlich erzählt habe, dass man mit zwei Hunden gar nicht mehr weiß, wie man der aufkommenden Haarflut hinterherkommen soll, und dass man morgens ruhig saugen kann und man sich trotzdem nachmittags fragt, wann man wohl das letzte Mal gesaugt hat, hatte er mir die Anschaffung eines Saugroboters empfohlen. Zu dem Zeitpunkt hatte die Neue ihre Giardien-Durchfälle bereits. Ich habe den Vorschlag daher schnell ad acta gelegt. Die Kombination Saugroboter und Hund mit Durchfall fand ich dann nicht so optimal. (Und wer jetzt noch kein Kopfkino hat, kann die Begriffe ja gerne einmal bei YouTube eingeben.)

Es ist schon interessant, wie unterschiedlich das Schmutzaufkommen der Hunde ist. Obwohl der Große und die Neue relativ baugleich sind, benötigt sie eine Unterbodenwäsche, wenn wir aus matschigem Terrain zurückkommen, während er nur ein paar Sprenkel an den Hinterbeinen hat. Gut, jetzt könnte man argumentieren, dass sie ja auch kleiner ist als er. Bei BB und ihren beiden Hunden ist das jedoch genau umgekehrt. Die kleine Elf-Kilo-Terriermischlingsdame, die mit ihrem Bauch recht nah am Erdreich wandelt, kommt nahezu geleckt nach Hause, während der große Hund, unter dessen Bauch sie locker hergehen kann, aussieht, als ob er vom Schlammcatchen kommt.

Das Fell des Hundes ist jedoch nicht nur ein hervorragender Schmutzabsorber, sondern auch Sammelstelle für Kletten und Grannen aller Art. Es ist zudem eine gut geeignete Kletterhilfe für Zecken und Flöhe. Will man seinen Hund nicht komplett den Blutsaugern überlassen, muss man geeignete Abwehrmaßnahmen ergreifen. Auch wenn ich sonst eher für natürliche Mittel bin, so hätte ich auch nachts nackt durch den Garten rennen und heidnische Rituale durchführen können. Das hätte den gleichen Effekt gehabt wie das Zeckenmittel aus rein pflanzlichen Inhaltsstoffen. Die Zeckengroßfamilie hatte es gefreut. Mich nicht. Danach haben wir uns für eine handfeste Lösung entschieden, einen Spot-on vom Tierarzt.

Um einen Spot-on zu verabreichen, muss man das Fell des Hundes auf dem Rücken teilen, die kleine Tube ansetzen und das Mittel vom Stert beginnend bis zum Schulterblatt hochziehen. Dabei versucht man, es gleichmäßig auf der Haut des Hundes und nicht im Fell zu verteilen. Das erste Mal hat die Neue das über sich ergehen lassen, weil sie noch nicht wusste, was mit ihr geschieht. Beim zweiten Mal wusste sie es besser. Dieses schmatzende Geräusch der Tube und die Flüssigkeit, die sich kalt auf der Haut verteilt, fand sie überhaupt nicht lustig. Ganz im Gegenteil. Ich musste sie festhalten bei der Prozedur. Anschließend war sie richtiggehend sauer auf mich. Sie ist auf ihre Decke gestürmt, hat dort reingebissen und mich mit einem aufgebrachten Blick angestarrt. Dabei standen die Ohren wild vom Kopf ab. Voll die Krawallbürste. Ein Bild für die Götter.

Ein gutes halbes Jahr später. Die Neue hat mittlerweile Vertrauen zu uns gefasst. Sie macht einiges mehr mit als in der Anfangszeit. Sie scheint verstanden zu haben, dass wir ihr nichts Böses wollen. Ein letztes Mal vor der beginnenden Wintersaison bekommen die beiden einen Spot-on. Der Große bleibt ganz selbstverständlich stehen. Er kennt die Prozedur. Das schmatzende Geräusch der Tube mag er zwar auch nicht. Doch er wartet trotzdem lieb, bis ich fertig bin und es ein Leckerli für ihn gibt. Und auch die Neue bleibt erstaunlicherweise still stehen und lässt sich das Fell teilen. Selbst als die Flüssigkeit auf ihre Haut fließt, hat sie keine Fluchttendenzen mehr. Was für ein Fortschritt.

Schlafverhalten und Chaosforschung

Manchmal frage ich mich, ob sie mit sich selber klarkommt. Dann scheint selbst ihr Körper ein einziges Chaos zu sein und die rechte Pfote nicht zu wissen, was das linke Ohr treibt.

Acht Monate nachdem sie bei uns eingezogen ist, betrachte ich sie, wie sie in ihrem Körbchen liegt. Eingerollt, die langen Haxen unter der Schnute, die Augen geschlossen. Ein sehr entspanntes und friedliches Bild. Manchmal stehe ich einfach da und schaue den Hunden beim Schlafen zu. Als Alltagsmeditation kann das glatt durchgehen.

Anfangs sah das irgendwie sperrig aus. Sie in ihrem Körbchen. So, als ob sie da gar nicht reinpasst. Also nicht mengenmäßig, aber so unförmig. Da guckten hier irgendwelche Gliedmaßen heraus, da lag der Kopf absolut unbequem auf der Kante. Ich bekam schon beim Zuschauen Nackenschmerzen. Auch wenn sie sich zusammenrollte, quetschte sie sich derart in eine Ecke, dass das irgendwie deplatziert aussah.

Aber jetzt: ein harmonisches Bild. Sie füllt ihr Körbchen aus und wenn sie den Kopf auf die Kante legt, sieht das sehr entspannt aus. Da musste diese erwachsene Hündin offensichtlich in allen Bereichen erst in ihr neues Leben wachsen. Auch in ihr Körbchen.

„Ein bisschen komisch ist die Neue ja schon", meint Junior und bezieht sich damit auf ihre Schlafgewohnheiten. Viele Hunde rollen sich zu einem Kringel zusammen, wenn sie schlafen wollen. Oder sie liegen platt auf der Seite. Sie jedoch beschreibt des

Öfteren ein Fragezeichen. Dabei liegen die Hinterbeine zu einer Seite von ihr weg, den Oberkörper dreht sie so weit, dass ihr Hinterkopf fast die Hinterpfötchen berührt. Die Vorderpfoten und die Schnute zeigen zur anderen Seite. So eine Hundewirbelsäule scheint extrem flexibel zu sein. Ich habe mal versucht, das nachzumachen. Ich habe es dann aber abgebrochen, bevor ich einen ernst zu nehmenden medizinischen Notfall damit provoziert hätte.

Kürzlich schickte ich Junior ein Bild von ihr, auf dem sie mit dem Kopf unter dem Schrank schlief. Ich habe vorsichtshalber dazu geschrieben, dass ich sie nicht zum Schlafen unter den Schrank schiebe, sondern dass sie das freiwillig tut. Ich habe daraufhin diverse Lachsmileys zurückbekommen.

Es gibt mittlerweile einige Bilder von ihr in den kuriosesten Schlafpositionen. Das Fragezeichen gibt sie regelmäßig. Genauso häufig schiebt sie sich unter irgendwelche Gegenstände. Einmal lugte nur noch ihr Hinterteil unter einem Bettbezug hervor, der über einem Wäscheständer hing. Beliebt ist auch die Variante, wo sie in erhöhter Position liegt und während des Schlafprozesses hiervon herunterfließt. Mir tun meine Rippen immer schon beim Zuschauen weh.

Die Neue liegt gerne neben dem Esstisch, weil sie dort direkt an der Heizung liegen kann. Das mag sie. Ich vermute, nach drei bulgarischen Wintern ist dieser Platz der Himmel auf Erden. In den ersten Wochen wurde aus dem „an der Heizung" jedoch regelmäßig ein „unter der Heizung". Denn auch hier rutschte sie aus uns unerfindlichen Gründen regelmäßig drunter, kaum dass die Augen zu waren. Der Göttergatte hatte der Bulgarin daraufhin ein

Holzpodest gebaut, das wir mit einer wattierten Matte und einer Decke auslegen. Das Podest ist zudem mit einer Kante versehen, die jegliches Unter-die-Heizung-Rutschen verhindert.

Ich schicke BB ein Bild von der Neuen in ihrer aktuellen Schlafposition. Die wattierte Matte hat sie zu einem Berg aufgeschoben, die Decke liegt irgendwo neben ihr auf dem Fußboden. Ihr Oberkörper liegt auf dem zerknüddelten Mattenberg, Bauch und Hintern auf dem nackten Holz. Ein Hinterbein hängt lasziv vom Podest herunter. Ich kommentiere das Bild mit „Die Neue hat mal wieder ihr Bett gemacht". BB lobt, dass sie das aber schön gemacht hat. Ich merke an, dass ich das offensichtlich nicht richtig mache, denn sie muss ständig nacharbeiten. BB mutmaßt, dass die Neue vielleicht als Innenarchitektin anfangen möchte. Oder aber als Zimmermädchen. Also ich sehe sie ja eher so in der Chaosforschung.

Made my Day!

Unter manchen Posts in den sozialen Medien ist „Made my Day!"
zu lesen. Häufig gefolgt von diversen Lach- und Zwinkersmileys.
Hiermit möchte der Verfasser des Posts zum Ausdruck bringen,
dass ihm etwas oder jemand gehörig den Tag versüßt hat. Ich habe
festgestellt, dass einem solche Situationen im Zusammenleben mit
Hunden öfter mal passieren.

Zwei Mädels kommen uns entgegen und sind ganz entzückt. Sie
fangen an zu tuscheln und schauen immer wieder zu den Hunden.
Schließlich ist eine mutig und fragt: „Sind das die Mama und ihr
Baby?"

Spezielle Hunde

Wir gehen an einem älteren Pärchen vorbei. Die Frau fragt mich:
„Sind das spezielle Hunde?" Ich habe die Frage erst nicht richtig
verstanden und dementsprechend auch nicht auf mich bezogen.
Sie wiederholt die Frage. Ich schaue sie leicht irritiert an und
verneine. „Na ja, weil die", und daraufhin zeigt sie auf die Neue,
„so eine orangefarbene Decke hat." Damit meint sie ihr
Sicherheitsgeschirr. „Ach so, nein, das ist nur ein ausbruchsicheres
Geschirr. Damit sie mir in Schrecksituationen nicht entfleuchen
kann." Die Frau nickt. Daraufhin klinkt der Mann sich ins
Gespräch ein. „Ja, aber der andere sieht so edel aus." Er überlegt.
„Das ist ein Schäferhund, oder?" Ich bejahe seine Frage und
unterschlage damit die Tatsache, dass ein bisschen Mischling in
ihm drinsteckt. Er nickt anerkennend.

Mein Frauchen-Ich schwebt daraufhin fünf Zentimeter über dem
Boden nach Hause. Hach, es gibt doch immer wieder nette
Mitmenschen.

Noch einmal bitte!

Wir sind mit den Hunden in einem kleinen Tierpark. Die Neue macht sich für ihre Verhältnisse einigermaßen gut. Erstaunlich ist, dass sie trotz ihres großen Jagdeifers relativ wenig Interesse zeigt. Vermutlich ist sie von den anderen Eindrücken zu sehr beeindruckt. Der Große hingegen ist fasziniert von den Kattas. Als er zum zweiten Mal in seinem Leben Affen gesehen hatte, musste ich ihn aus einer Hecke rauspflücken, auf (!) die er gesprungen war. Er hatte mich mit der Heftigkeit seiner Reaktion überrascht. Nun bin ich vorgewarnt. Die großen Kaninchen, wahre Brecher, haben zudem seine vollste Aufmerksamkeit. Leider kann er sie durch die Betonmauer nicht sehen. Aber die Nase sagt ihm offensichtlich sehr deutlich, was sich dahinter befindet. Er ist kaum von den Gehegen wegzubewegen.

Als wir durch sind, müssen wir einmal halb um den Tierpark herum, um wieder an den Eingang zu gelangen, wo unser Auto parkt. Dort angekommen, geht der Große schnurstracks zum Eingangstor und signalisiert uns, dass er da wieder reinwill. Als der Göttergatte ihm erklärt, dass er da ja gerade drin war und wir nun wieder fahren wollen, fängt er an, zaghaft mit der Pfote an der Tür zu kratzen. Und dieser Blick dabei. Kann der süß sein!

Und dabei soll man ernst bleiben?

Wir sind mal wieder auf dem Friedhof unterwegs. Ich sehe, wie die Neue mit ihrer guten Nase den Boden absucht. Diesmal bin ich mit den Augen schneller. Eine Hundelänge von ihr entfernt liegen ein paar zertretene Keksreste. Ein ideales Trainingsobjekt. Ich habe es bereits im Blick, wenn sie dort ankommt, und kann den idealen Moment für einen Abbruch nutzen, sollte sie die Krümel fressen wollen. Und sie will. Das zeigt mir ihr Suchverhalten ganz deutlich. Doch selbst wenn sie einen Fitzel ergattern sollte, die

Kekse sind ohne Schokolade. Und dass einer Keksreste mit Gift versieht, das habe ich noch nicht gehört. Das wäre ja auch ziemlich perfide. Ich lasse sie also gewähren und erwische wirklich den idealen Moment für mein Abbruchsignal. Die Trainerin wäre stolz auf mich. Die Neue schreckt zurück und schaut mich mit ihren Rehaugen und ihrer großen Stupsnase an, auf der eine ganze Menge Kekskrümel kleben. Bei aller Ernsthaftigkeit und auch wenn ich meinen Trainingserfolg damit torpediere, in diesem Moment kann ich mir ein Lachen nicht verkneifen. Ihr Anblick ist ein Bild für die Götter.

Die einen sagen so, die anderen so …
Wir treffen eine Frau mit zwei noch sehr jungen Hunden. Die sandbraune Hündin ist vier Monate alt und ähnlich groß wie die Neue. Der Berner-Sennen-Rüde ist einen Monat älter. Ich muss meinem Großen erst einmal erzählen, dass der noch nichts zum Zusammenfalten ist und ich ein gesittetes Verhalten erwarte. Der Frau gegenüber stelle ich fest, dass die aber noch jung seien. Und sehr niedlich. Und zumindest bei dem Berner-Sennen-Prachtkerl käme ja noch einiges hinzu, auch wenn er jetzt schon eine ordentliche Größe hätte. Sie bejaht meine Aussage mit einem Schmunzeln. Sie erwartet auch noch einiges bei den beiden. Dann stellt sie ihrerseits fest, dass sie uns immer gerne zusieht, wenn sie uns mal beim Gassi trifft. Das würde gut aussehen. Das würde sie auch gerne einmal so hinkommen.
Ich schaue sie etwas ungläubig an. Ich fühle mich geschmeichelt. Aber meint die tatsächlich uns? Dann hat sie uns aber noch nicht in einem unserer schlechten Momente erwischt. Es gibt bestimmt auch Leute, die mir den Besuch einer Hundeschule empfehlen würden.

Der Große und die Neue – wenn zwei zusammenwachsen

Als er sie in der Anfangszeit deutlich mied, kam schon kurzfristig der Gedanke auf „Scheiße, du hast doch einen Fehler gemacht, sie zu uns zu holen". Aber es brauchte einfach Zeit. Hunde sind soziale Lebewesen. Und auch die müssen sich erst kennenlernen und zueinander finden. Was für ein abstruser Gedanke, dass man sie zusammenschmeißt und sie gleich ein Team sein sollen.

Heute findet er sie gar nicht mehr furchtbar. Im Gegenteil. Auch er schnüffelt sie jetzt im Vorbeigehen an, nimmt Kontakt mit ihr auf, schaut, was sie macht, und interagiert mit ihr. Geholfen hat ihm sicherlich das gemeinsame Flitzen. Das ist für ihn sehr wichtig. Daran hat er seinen Spaß. Ich bin überzeugt, dass dieses gemeinsame Spiel förderlich war, sie besser kennenzulernen und einzuschätzen. Spielen verbindet.

Es gibt so viele Situationen im Alltag, die zeigen, dass sich eine Verbindung zwischen den beiden aufgebaut hat. Richtig niedlich anzusehen ist das Begrüßungszeremoniell, das sich langsam etabliert hat. Dieses ist so elementar, dass der Göttergatte und ich erst in zweiter Reihe dran sind. War jeder von uns mit einem Hund unterwegs und wir treffen uns dann wieder, gehen als Erstes die Schnuten zusammen. Dann berühren sie sich am Kopf. Erst dann wird der zweibeinige Teil des Rudels begrüßt.

Auch hat der Große angefangen, sich um die Neue zu kümmern und zu sorgen. Beispielhaft ist eine Situation mit einem Nachbarn und seinen Gartengeräten. Er fand es lustig, sie mal ein wenig zu ärgern. Er kann nicht verstehen, warum sie so ängstlich ist. Sie ging vorsichtig zur Schubkarre und wollte mal schnüffeln. Ich fand das für ihre Verhältnisse richtig mutig. Also habe ich sie gelassen. Als sie fast dran war, hat der Nachbar die Schubkarre jedoch ruckartig nach vorne gekippt. Das hatte ich nicht kommen sehen, sonst hätte ich sie zurückgehalten. Sie ist so dermaßen erschrocken, dass sie den Satz einer Antilope rückwärts gemacht hat. Daraufhin ist der Große zu ihr gegangen und hat sie einmal beruhigend am Kopf angeschnüffelt. Dem Nachbarn hätte ich seine Schubkarre am liebsten in die Hacken gerammt für seine blöde Aktion. Aber den Großen hätte ich knutschen können.

In unserem ersten Urlaub wollte ich, dass sie über eine Absperrkette auf einem Parkplatz springt. Der Große hatte es längst vorgemacht. Das Problem war nur, dass neben der Kette ein Pfeiler stand, an dem eine Fahne wehte. Daher musste sie ständig auf die gruselige Fahne starren und ließ sich nicht dazu bewegen, irgendetwas anderes zu tun. Der Göttergatte schlenderte mit dem Großen in einem Bogen zu uns zurück. Der Große ging auf sie zu, stupste sie einmal im Gesicht an und hüpfte mit der Leichtigkeit des Seins über die Absperrkette. Als ob er sie ermutigen wollte: „Ey, das ist gar nicht schlimm. Schau mal, da kann man ganz leicht drüberspringen."

Er scheint ihr Rückhalt geben zu wollen, sie zu ermutigen und in Situationen zu trösten, in denen sie sich fürchtet. Wenn das keine Freundschaft ist.

Das Ganze geht manchmal so weit, dass Pfotenabtrocknen nach dem Gassigang kaum möglich ist, da die beiden nur am Rumdameln sind. Er kaut sie an, sie beißt mir dafür in die Hose. Oder in das Handtuch. Oder in den Großen. Ich stehe eigentlich in der ganzen Aktion nur im Wege herum. Was wollte ich da gleich?

Trotz aller Gemeinsamkeiten, die die beiden miteinander entwickelt haben, gibt es natürlich weiterhin Unterschiede. Die äußern sich sowohl in den Charakteren als auch in den Bedürfnissen.

Bei uns Menschen gibt es ja Frühaufsteher und eher Nachtaktive. Wissenschaftler haben dieses unterschiedliche Schlaf-wach-Bedürfnis anhand von zwei Vogelarten beschrieben. Die einen, die frühmorgens bereits quietschfidel die Lage zur Nation besprechen können, nennt man Lerchen. Und diejenigen, die man vor elf Uhr und der zweiten Tasse Kaffee besser nicht anspricht, nennt man Eulen.

Unsere beiden Hunde decken je eine dieser Spezies ab. Der Große gibt eher das Morgenmuffelchen ab. Ihre Spiel-Attacken vor dem ersten Gassi kann er nicht sonderlich gut haben. Nachmittags toben – gar kein Thema. Aber bitte nicht um diese Uhrzeit. Sie hingegen könnte auf den abendlichen Gassigang nur allzu gerne verzichten. Dafür läuft sie nach dem Frühstück in Alberpose durchs Haus, in der Hoffnung, irgendjemanden zum Kaspern auffordern zu können. Wenn sich niemand erbarmen kann, muss die Decke herhalten.

Die Individualdistanz ist, wie der Begriff es vermuten lässt, individuell sehr unterschiedlich. Bei der Bulgarin ist sie gleich null. Die Neue ist völlig distanzlos. Wenn sie irgendwo hinwill, im Haus wohlgemerkt, dann latscht sie da auch lang, egal ob sie über den Großen drüberstiefeln muss, auf ihn drauf tritt oder sich unter ihm her zwängt. Da kennt sie kein Pardon. Für sie sind Nähe und Distanz kein Thema. Viel eher haben wollen. Ich schätze mal, wenn man mit so vielen Hunden aufgewachsen ist und zusammengelebt hat wie die Neue im Shelter, dann kann man sich ein Bedürfnis nach Distanz nicht leisten. Geht man weg, weil da zu viele zu nah sind, geht man am Ende leer aus.

Kürzlich wurde ich von einer Nachbarin gefragt, ob es jetzt schöner ist mit zwei Hunden. Tja, das ist eine gute Frage. Vielleicht auch eine berechtigte, bedenkt man, wie gerne ich einen zweiten Hund haben wollte. Also, ist es schöner mit zwei Hunden? Es ist definitiv anders. Sicherlich gibt es die eine oder andere Situation, in der ich der liebgewonnenen Zweisamkeit mit dem Großen etwas hinterhertrauere. Es ist schon eine besondere Beziehung, die wir zueinander aufgebaut haben. Mit unserer Chaosqueen hat sich einiges verändert im Vergleich zu unserem zweisamen Mensch-Hunde-Gespann zuvor. Nicht auf der emotionalen Ebene. Aber viel in den Abläufen und dem Zusammenleben. Trotzdem würde ich unser kleines bulgarisches Knickohr niemals wieder weggeben wollen. Es ist toll, die beiden zusammen zu erleben. Sie ist eine wundervolle Hündin. Trotz all dem Chaos, das sie mitgebracht hat. Und ja, es ist wirklich schön, zwei Hunde zu haben.

Von daher wird es kein Zurück mehr geben zu dem Leben mit nur einem Hund, dem Großen. Und wenn er eines Tages nicht mehr da sein sollte, kann ich es mir so gar nicht vorstellen, sie als Einzelhund zu haben. Ich glaube, zu ihr gehört einfach ein zweiter dazu. Aber noch einmal ein stattliches Tier wie den Großen aufzunehmen, wenn man gar keinen hat – och, ausschließen würde ich das mal nicht.

Urlaubspläne vom Großen

Hey Leute, ich wollte auch noch was sagen! Ich fahre mit meinem Rudel in zweieinhalb Wochen in den Urlaub. Dann zeige ich der Neuen mal den Strand. Und vielleicht finde ich ja wieder so einen supergeilen Fisch. Mindestens eine Woche Strandgarung. Aber der ist dann nur für mich! Hauptsache, ich muss danach nicht wieder unter die Dusche. Frauchen war ja letztes Mal nicht so begeistert. Da kümmert man sich schon um die eigene Körperhygiene und dann das. Frauchen hat mich im Garten zweimal mit ihrem Duschzeug einschamponiert. Geholfen hat das trotzdem nicht. Wedel. So, aber was ich fragen wollte: Machen wir bis dahin noch einmal den Wald unsicher? Wuff, der Große

Namensgebung – von der Chaosqueen zur Schmusemaus

Wenn so ein neuer Mitbewohner im Begriff ist einzuziehen, macht man sich unweigerlich Gedanken darüber, wie er oder sie wohl heißen soll. Hunde, die einmal ein Zuhause hatten, bringen in der Regel einen Namen mit, mit dem sie etwas anfangen können. Bei einem Hund aus dem Ausland, der sein komplettes bisheriges Leben in einem großen Tierheim verbracht hat, würde ich davon erst einmal nicht ausgehen. Sicherlich, um sie zu vermitteln, brauchen sie einen. Wir wollen schließlich ein Individuum zu uns holen und keine Nummer. Aber ich vermute mal, dass wir uns von dem Zeitpunkt, als wir sie zum ersten Mal im Internet gesehen haben, bis zu dem Zeitpunkt, als sie endlich bei uns war, mehr mit ihrem „Vermittlungsnamen" beschäftigt hatten als sie selbst. Daher fanden wir es auch durchaus legitim, ihr einen Namen zu geben, den wir passend fanden. Denn sowohl den Vermittlungsnamen als auch den, den wir uns für sie überlegt hatten, musste sie schließlich erst mit sich in Verbindung bringen. Nicht nur, wenn man sich überlegt, wie häufig so ein Tierpfleger im Laufe eines Tages Zeit hat, über sechshundert Tiere beim Namen zu nennen. So viele Hunde beherbergte das bulgarische Tierheim nämlich, aus dem sie stammt. Auch die landesübliche Aussprache tut ihr Übriges. Sicherlich hört sich der Vermittlungsname in Deutsch ausgesprochen für ein bulgarisches Hundeohr ganz anders an.

Haben Sie schon einmal überlegt, wie viele Namen Sie für Ihren Hund in Gebrauch haben? Na, reichen da die beiden Hände noch zum Abzählen? Seien wir mal ehrlich …

Interessant ist, dass der eigentliche Rufname im Alltag häufig ungenutzt bleibt. Vielmehr ist es so, dass zu diesem Namen, über den manche Menschen Bücher gewälzt und Internetforen durchforstet haben, weitere hinzukommen, die sich still und heimlich einschleichen. Ich spreche von den Spitznamen. Während man beim Rufnamen noch akribisch überlegt hat, flutscht so ein Spitzname quasi unbewusst über die Lippen, und – schwupps! – ist er da.

Bei der Neuen reichen die Spitznamen von der Chaosqueen bis zur Schmusemaus. Spitznamen können eine Entwicklung aufzeigen. Und manchmal sind sie eine Momentaufnahme. Bei der Neuen haben wir festgestellt, dass sich die Spitznamen im Laufe der Zeit verändert haben, je nachdem, was sie gerade so machte.

Chaosqueen in Aktion

Durch ihre Hektik und Unbeholfenheit endeten zu Anfang einige ihrer Aktionen im heillosen Chaos. Häufig hatte man das Gefühl, dass sie sich schlicht selbst im Weg stand. Nicht selten waren es aber auch ihre panischen Fluchtreaktionen, die mich anschließend putzen, aufräumen oder zumindest den Kopf schütteln ließen.

Wir kommen von unserem Spätabend-Gassi zurück. Es ist längst dunkel draußen. Ich hocke im Schein der Außenbeleuchtung vor dem Absatz zum Hauseingang und putze den Hunden die Pfoten ab. Ein Auto fährt vorbei und das Licht seiner Scheinwerfer lässt lange Schatten über die Hauswand tanzen. Das findet sie extrem gruselig. Sie weicht aus und stößt mit ihrem Poppes die Deko um. Diese fällt polternd hinter ihr um. Sie erschreckt sich furchtbar und springt nun nach vorne in die Leine, wobei sie vom Absatz stürzt. Und ganz nebenbei rasiert sie dem Großen mit ihrer Leine fast noch die Ohren ab. Dieser schaut mich mal wieder mit einem Blick an, als ob er sagen wollte: „Frauchen, guck mal, was die jetzt schon wieder gemacht hat." Ja, mein Großer. Ich weiß. Wir arbeiten daran.

Dobby, der Hauself

Aber nicht nur das Verhalten, auch das Aussehen kann zu Spitznamen führen. Eine Freundin meinte jetzt, dass die Neue aussieht wie Dobby, der Hauself. Gegebenenfalls könnte ihre Wahrnehmung damit zusammenhängen, dass sie ein großer Harry-Potter-Fan ist. Wobei, wenn die Neue ihre Knicköhrchen nach hinten anlegt und der Welt vermitteln möchte, dass sie der ärmste Krümel in der Kekspackung ist, ja, tatsächlich, dann ist die Ähnlichkeit frappierend. Warum ist mir das bislang noch nicht aufgefallen? Jetzt, wo sie mich drauf aufmerksam gemacht hat, sehe ich das immer wieder.

Und dabei dachte ich eigentlich, dass sie von der Seite betrachtet aussieht wie Graf Zahl von der Sesamstraße. Die eher spitz zulaufende Schnute, der deutliche Überbiss im Oberkiefer und die Eckzähne, die zu sehen sind, wenn sie auf der Seite liegt und herumkaspert.

Aber egal ob Hauself oder zählender Graf Dracula, da sie nun zum ersten Mal in ihrem Leben einen Namen hat, mit dem sie auch etwas anfangen kann, möchten wir sie nicht mehr umbenennen. Ansonsten wäre Dobby eine ernsthafte Alternative gewesen.

Schmusemaus

Haben Sie das auch schon einmal erlebt? Es gibt Momente, die würde man am liebsten anhalten. Sie sind so schön und berühren das Herz so sehr, dass man sie greifen und für immer festhalten möchte. Heute war so ein Moment. Ich habe mir eine dicke Trainingsmatte ausgerollt, weil ich ein paar Übungen für den Rücken machen wollte. Es zippt ab und an im Kreuz. Man wird ja auch nicht jünger.

Der Göttergatte ist ein äußerst sportliches Exemplar Mensch. Ein wahrer Homo sporticus. Er trainiert täglich, immer wieder auch auf einer Trainingsmatte. Er kennt bereits, was jetzt kommt. Denn kaum habe ich die Matte ausgerollt, wird sie auch schon von den Vierbeinern des Hauses bevölkert. Der Große ist seit jeher der Ansicht, dass Herrchen die nur für ihn ausrollt, und legt sich immer gerne drauf. Mittig, versteht sich. Das sieht dann ähnlich aus, als wenn Sie Ihren Kindern oder Hunden erlauben, mit im Bett zu schlafen. Sie müssen anschließend zusehen, wo Sie bleiben. Es hilft auch nichts, eine zweite Matte danebenzulegen. Interessant ist nur die, die man selbst gerade benutzen will.

Also muss auch ich zusehen, dass ich meine Lücke finde und mich zumindest mit dem Rücken komplett drauflegen kann. Der Große hat sich dankenswerterweise seinen Platz am Kopfende gesucht, die Neue ruckele ich ein wenig beiseite und lege mich knirsch dran. Sie empfindet das offensichtlich als Spielaufforderung und fängt ihrerseits an zu ruckeln und zu kaspern. Um den Großteil ihrer Körperteile aus meinem Gesicht fernzuhalten, klemme ich sie mir zwischen Arm und Körper. Ich glaube, die Ausführung meiner Übungen steht so in keinem Lehrbuch. Aber es funktioniert. Nachdem sie sich erst auf den Rücken gedreht hat und versuchte, in die Kordel meines Sweatshirts zu beißen, dreht sie sich wieder auf die Seite. Sie scheint kurz zu überlegen, was sie wohl nun noch anstellen kann. Dann lässt sie jedoch mit einem tiefen Seufzer ihren Kopf auf meine Schulter sinken. Eingekuschelt in meine Armbeuge werden ihre Atemzüge länger und ruhiger. Sie döst ein. Und da ist er, dieser Moment, dieses Vertrauen, dieses „Ich bin angekommen", dieses „Ich bin dir ganz nah". Dieses wohlige Gefühl auf der einen Seite und die Zerbrechlichkeit des Augenblicks, der durch eine unbedachte Bewegung auch schon wieder vorbei sein könnte. Sicherlich werden noch viele dieser Momente kommen. Aber dieses erste Mal ist einzigartig. Und es hat mir definitiv den Tag versüßt.

Und dann gibt es noch die Spitznamen, bei denen man sich fragt, wo genau etwas nicht stimmt, entweder in der Beziehung zum Tier oder aber in der Erziehung des Menschen. „Dicker" oder „Stinker" werden bestimmt noch mit einem liebevollen Augenzwinkern verwendet. Aber wie kommen Menschen bitte schön dazu, ihren Hund „Bratbirne", „Arschlochhund" oder „Dickes Gehopse" zu nennen? Noch dazu in der Öffentlichkeit?! Ehrlich, bevor Sie sich so richtig langweilen, geben Sie einfach mal die Suchbegriffe „Hund" und „Spitznamen" oder „Kosenamen" in eine Suchmaschine ein. Anschließend muss Ihnen nichts mehr peinlich sein, was Ihnen in einem schwachen Moment über die Lippen huscht.

Seitdem wir die Neue haben, hat der Große im Übrigen einen Doppelnamen. Er hört jetzt nämlich auch auf ihren. Und das manchmal sogar noch besser als auf seinen eigenen. Und eigentlich reicht bei zwei und mehr Hunden auch ein Sammelbegriff. Da muss man gar nicht mehr jedem einen Namen geben. Es stehen sowieso alle da, wenn man einen ruft.

So gesehen braucht man sich gar nicht allzu viel Mühe bei der Namenswahl für seinen Neuzugang machen. Dem Hund ist es eh schnuppe, ob er „Nero", „Lilli", „Balu" oder „Frieda" gerufen wird. Den Namen suchen Sie sich im Endeffekt sowieso nur für sich selbst aus. Auch „Schnubbelhase" oder „Möhre" machen da keinen Unterschied. Hauptsache, Sie rufen mit Liebe. Und vielleicht mit einem Hundekeks in der Tasche. Den Rest regelt der Alltag.

Training mal zwei – ich hätte gerne noch vier Hände dazu

Wenn man zwei Hunde hat statt nur einen, braucht man auf einmal alles doppelt. Man braucht doppelt so viele Hundebetten und Futternäpfe. Außerdem erfordert es doppelt so viel Aufmerksamkeit, dass man in der Küche nicht auf einen der nun zwei Hunde tritt, die immer dann dort herumliegen, wenn man gerade in der Küche zu tun hat. Auch das Geld ist irgendwie doppelt so schnell weg. Ist man mit den Hunden unterwegs, braucht man zwei Leinen und in meinem Fall auch zwei Futterbeutel. So viel zur Soll-Seite. Auf der Haben-Seite hat man zwei Hände und zwei Füße. Das werden auch nicht mehr, nur weil man jetzt zwei Hunde hat.

Wenn man einen Hund wie den Großen hat, der seine Ansichten über fremde Hunde gerne einmal lautstark nach vorne kommuniziert, sind die beiden Hände mit Leine festhalten, Hund begrenzen, Sichtzeichen geben und Futterbelohnung herauskramen, sollte der Kommentar gering ausgefallen sein, schon bestens beschäftigt. Nun ist mit der Bulgarin ein Hund hinzugekommen, der eher nach hinten als nach vorne geht. Ich muss also im Zweifelsfall einen vom Nach-vorne-stürmen und eine vom Nach-hinten-flüchten abhalten. Dabei muss ich zusehen, auf meinen eigenen Füßen stehen zu bleiben, ohne mich in einer der beiden Leinen zu verheddern oder auf eine der acht Pfoten zu treten. Weder ich noch vorbeikommende Radfahrer sollten zu Fall kommen und auch sollte sich unser Aktionsradius auf den Bürgersteig begrenzen und nicht auf die Straße verlagern. Ähnlich anspruchsvoll sind Situationen, wenn ich mit beiden trainiere. Puh, da hätte ich manchmal wirklich gerne noch vier Hände dazu.

Wir gehen auf unserer Friedhofsrunde an einem Grundstück vorbei, auf dem hinter dem Zaun ein mordsmäßiges Gekläffe losgeht. Wir kennen das bereits und der Große kann das mal mehr, mal weniger gelassen hinnehmen. Je nach Tagesform. Heute ist die Tagesform gut. Ich lobe und bestätige, indem ich jeweils rechts und links von mir Hundekekse in die erwartungsvollen Mäuler stopfe, während mir zwei ältere Herrschaften entgegenkommen. Beide strahlen und sind begeistert, als sie die Hunde sehen. Sie meint: „Oh, das ist ja toll. Müssen die noch lernen?" Bevor ich antworten kann, fährt sie fort: „Jaja, was sie jetzt lernen, da hat man das ganze Hundeleben was von." Zu diesem Zeitpunkt ist der Große bereits neuneinhalb und lebt seit gut fünf Jahren bei uns.

„Warum kann die denn noch nichts?", fragt die Tante auf Besuch, während sie etwas mitleidig unser kleines Auslandshündchen betrachtet. Die steht mal wieder wie ein verschrecktes Reh im Türrahmen. „Jetzt habt ihr die doch schon so lange."
Na ja, spätestens seit Albert Einstein wissen wir, dass Zeit relativ ist. Die Neue lebt jetzt seit drei Monaten bei uns. Und so, wie sie zu uns gekommen ist, ist das eher eine kurze Zeit der Eingewöhnung. Zugegeben, der Große, der kann einiges. Wer so lange wie wir zur Hundeschule geht, der kann etwas mehr als Sitz, Platz, Aus und Fuß. Sein Repertoire umfasst auch Tricks, die nicht für den Alltag notwendig sind und nur aus Spaß an der Freude gelernt werden. Einfach mal Quatsch machen. Und Eindruck schinden.
Aber eigentlich finde ich, dass die Neue trotzdem schon eine Menge kann. Gut, an Sitz, Platz, Aus und Fuß hapert es noch ein

bisschen. Dafür kann sie mittlerweile die Nacht durchhalten und pullert nicht mehr in die Wohnung. Stattdessen kann sie sich jetzt draußen lösen, selbst wenn es dunkel ist. Und sie schafft es, nicht mehr die Finger zu perforieren, wenn sie ein Leckerli nimmt. Das sind Dinge, die sie gelernt hat und die für unseren Alltag absolut wesentlich sind.

Sitz, Platz, Fuß und ein Hand-Touch sind da doch eher die Kür. Darum kümmern wir uns später. Wobei, touchen, also mit der Nase die Handfläche berühren, kann sie in der Tat auch schon. Und ein Sitz bekommt sie meistens ebenfalls hin. Zumindest, wenn nichts Gruseliges in der Nähe ist. Und wenn sie einen dann mit ihrem niedlichen Blick anschaut – das ist mehr wert als jeder Trick.

Ein Nachbar stellte jetzt fest, dass ich ständig am Füttern bin. Wir kommen ja kaum zwei Häuser weit, ohne dass ich den Hunden wieder was gebe. Er machte das an dem Betteln des Großen fest. Doch diese Deutung ist weit gefehlt. Denn der Große bettelt nicht. Der ist in Erwartungshaltung, sobald er den besagten Nachbarn sieht. Denn jedes Mal, wenn wir ihn sehen, schleppt er irgendwelche Dinge mit sich herum, wie Gartengeräte, Schubkarren oder große knisternde Säcke. Also alles Sachen, die die Neue ängstigen. Und um mein „Gewöhnungstraining" weiterzuführen, gibt es halt jedes Mal einen Keks. Für sie und natürlich auch für den Großen. Anders geht das nicht.

Die Wahrnehmung des Nachbarn ist also, dass die Hunde mich die ganze Zeit anbetteln und dafür Kekse bekommen. Die Realität sieht so aus, dass der Nachbar für mich mittlerweile zum Übungsobjekt geworden ist. Immer wenn wir ihn sehen, schleppt er dankenswerterweise irgendetwas mit sich herum, was die Neue gruselt und was ich wunderbar mit einem Keks positiv belegen kann. Darum gibt es speziell um sein Haus herum so viele Kekse. Aber das kann der Nachbar natürlich nicht wissen. Muss er auch nicht.

Einige Menschen sind der Ansicht, dass es doch auf der Hand liegt, dass die Hunde tun, was ich ihnen sage. Schließlich besteche ich sie ja mit Keksen. Ist das das große Geheimnis der Hundeerziehung? Tun Hunde für Futter alles?

Weit gefehlt. Nur weil jemand mit einem Keks wedelt, heißt das noch lange nicht, dass die Hunde ab dann parieren. Und Hunde wie die Neue schon einmal gar nicht. Ganz egal, womit irgendwer anders wedelt. Schwiegermutter und der Papa sind ganz eifrige Keks-Geber. Wenn sie zu Besuch kommen, werden sie belagert, kaum dass sie zur Tür herein sind. Die Neue ist hin- und hergerissen zwischen ihrer Vorsicht, zu nah heranzugehen, und ihrer Gier, auch nur einen Keks zu verpassen. Das versetzt sie regelmäßig in Hektik und wir müssen jedes Mal darauf achten, dass die freundlichen Keks-Geber anschließend kein Pflaster brauchen. Ihr Hirn spielt Pingpong mit den Gedanken Keks schnappen und flüchten. Etwas anderes kann das kleine Hundehirn in solchen Situationen dann aber auch nicht denken. Ausgeschlossen, dass so ein Lernerfolg eintreten kann, Hundekeks hin oder her. Daher verlangen wir auch erst einmal nichts von ihr, wenn die freudestrahlenden Eltern Kekse an die Enkelhunde verteilen. Die erste Erziehungsmaßnahme müsste nämlich streng genommen hier ansetzen. Bei den elterlichen Keksgebern.

Vermutlich steckt also doch noch ein wenig mehr hinter dem großen Geheimnis der Hundeerziehung als der Bestechungskeks. Oder aber der Keks ist kaputt, sollte der Hund mal nicht hören.

Die Neue ist jetzt seit acht Monaten bei uns. Wir haben das Gefühl, sie ist einigermaßen gut bei uns angekommen. Sie vertraut uns und wir können mittlerweile auch ganz gut mit ihr arbeiten. Die Welt da draußen ist nicht mehr nur gruselig und Hunde, die der Große doof findet, müssen lautstark verbellt werden. Es ist also an der Zeit, dass auch sie draußen deutliche Grenzen aufgezeigt bekommt für das, was nicht geht. Ich spreche von Korrekturen bei unerwünschtem Verhalten. Ich spreche nicht von Prügelstrafe. Ist klar, oder?

Sie muss wirklich nicht auch noch die Straße zusammenkläffen, wenn der Ridgeback am Fahrrad vorbeigaloppiert. Mir reicht es, wenn sich einer aufregt. Und das hat der Große bislang hervorragend alleine hingekriegt. Gleiches gilt für die Katze, die in der Einfahrt sitzt. Der Große hat das schließlich auch irgendwann gelernt. Selbst wenn der sich immer noch in manchen Situationen stark beherrschen muss. Ach, das muss ich auch manchmal.

Erfordert das rüpelhafte und pöbelige Verhalten des Großen anderen Hunden gegenüber manchmal eine klare Ansage, muss man, was Lautstärke und Intensität betrifft, bei der Bulgarin jedoch einen guten Schritt zurückgehen. Schnell läuft sie sonst mit angelegten Ohren durch die Gegend und schwenkt die Friedensfahne. Hier muss also deutlich unterschieden werden zwischen dem Großen und der Neuen.

Die Neue fängt zudem so langsam an auszutesten, was geht und was wir durchgehen lassen. Vielleicht muss man ja nicht immer auf seinen Platz gehen, wenn man da hingeschickt wird? Man kann ja auch noch einmal um den Tisch laufen und gucken, ob man auf der anderen Seite entwischen kann. Jetzt heißt es, mit liebevoller Konsequenz dabeizubleiben und ihr zu zeigen, wie die Spielregeln lauten. Konsequenz ist eines der wichtigsten Themen in der Erziehung: „Komm hierher" heißt komm jetzt hierher und nicht dann, wenn du es vielleicht mal einrichten könntest.

Timing ist ein weiteres wichtiges Thema in der Hundeerziehung. Es gibt gutes und es gibt schlechtes Timing. Gutes Timing ist, wenn ich sehe, dass mein Hund gleich losstürmen möchte und ich ihn im Ansatz mit einem Abbruchsignal stoppen kann. Schlechtes Timing wäre, wenn der Hund, genau eine Millisekunde bevor man ein Signal gibt, selbiges ausführt. Ein Beispiel. Wir stehen an der Straße und in dem Moment, in dem ich das Signal zum Weitergehen aussprechen will, läuft der Große auch schon los. Für ihn verhält es sich so, dass er entschieden hat loszulaufen und ich dies mit meinem Signal bestätige. Na ganz großartig. Im besten Fall hat er mein Luftholen noch als Aufforderung zum Losgehen verstanden. Schließlich kennt der Große das Prozedere ja.

Um das mit dem Timing gut hinzubekommen, muss man schnell sein. Es muss einem in Leib und Seele übergehen. Man muss es atmen. Da überlegt man nicht mehr, man reagiert nur noch. Und das dann möglichst in der richtigen Art und Weise und zum richtigen Zeitpunkt. Wenn man das Timing derart verinnerlicht hat, kann es sich auch mal verselbstständigen.
Es ist mitten in der Nacht. Ich nehme im Halbschlaf kurze, eher abgehackte Laute war. Noch bevor ich denken kann, dass die Neue mal wieder wufft, schicke ich auch schon ein „Kssscht!", meinen nächtlichen Korrekturlaut für „Klappe halten", in diese Richtung. Wären noch drei Gehirnzellen mehr wach gewesen und wäre mein Timing nicht so verdammt gut, hätte ich den Göttergatten nicht für seine Hustenattacke korrigiert.

Neulich in der Hundeschule. Nach wie vor nehmen wir die Neue nur sporadisch mit, dann nämlich, wenn Herrchens Terminkalender das auch hergibt. Dann zieht das ganze Rudel los.

Jetzt habe ich einen Rüffel von der Trainerin bekommen. Sie nahm mich hierfür extra beiseite. Sie meinte, wenn ich noch einmal den Namen der Neuen nenne, ohne dass ich irgendeine weitere Info folgen lasse, würde ich nicht mehr den Kurs bezahlen, sondern für jede Namensnennung einen Euro. Ich befürchtete, damit käme ich schlechter weg. Das meinte die Trainerin auch. Sie sagte, sie sei überrascht, dass die Neue überhaupt noch auf ihren Namen reagieren würde, so oft wie ich den nenne.

Sollte ich sie umbenennen müssen, weil sie muttertaub (Heißt das bei Hunden eigentlich frauchentaub?) geworden ist, können wir ja doch noch auf „Dobby" zurückgreifen. Spaß!

Die Trainerin hat ja recht. Einfach nur den Namen zu sagen und dann zu erwarten, dass die Neue weiß, ob sie Sitz machen oder herkommen soll, ist ziemlich sinnbefreit.

Doch mit der Neuen gehe ich definitiv anders um als mit dem Großen. Mit dem kann man schäferhundtypisch gut arbeiten, der ist zackig dabei, meistens zumindest und wenn er mal nicht in der Spur läuft, hilft eine klare verbale Erinnerung daran, wo sich die Spur befindet. Mit der Neuen ist das irgendwie anders. Klar kenne ich die Grundlagen der Hundeerziehung und auch den einen oder anderen Kniff darüber hinaus. Aber als die Trainerin meinte, dass sie verwundert sei und ich das doch eigentlich besser wissen müsste, musste ich mir auf die Zunge beißen, um nicht zu fragen, aber wie?

Nach fünf Jahren Erziehungsarbeit, die ich mit dem Großen hinter mir habe, sollte man davon ausgehen, dass einem ein solcher Schnitzer nicht mehr passieren würde. Da hätte ich auch wirklich selber drauf kommen können. Auf der anderen Seite – mit ihr ist alles so anders. Da komme ich mir manchmal vor wie ein blutiger Anfänger. Ich glaube, mein Umgang mit der Neuen ist allzu stark geprägt durch die ersten sechs Monate. Hier waren ihre Ängste und deren Management vorherrschend. Sicherlich, an dieser Stelle sind wir nicht mehr. Aber ich glaube, in meinem Kopf ist sie nach wie vor so abgespeichert. Hinzu kommt, dass sie zierlicher ist als der Große und in manchen Situationen so niedlich und auch etwas unbeholfen aussieht.

Nicht zuletzt hat der Mangel an brauchbaren und erforderlichen Kommandos dazu beigetragen, dass ich die Namensnennung in etlichen Ausdrucksweisen genutzt habe, um Dinge von ihr zu verlangen. Es gibt ja durchaus Variationsmöglichkeiten, wie man so einen zweisilbigen Namen aussprechen kann. Hier ein paar Beispiele:

Name einladend, langgezogen, laut = komm hierher

Name kurz, zackig, keinen Widerspruch duldend = lass das

Name in zwei Silben, beruhigend gesprochen = das ist nicht so schlimm, bleib bei mir stehen

Name mit Singsang = guck mal, was ich hier Lustiges habe/mache

Ich bin sehr dankbar, dass mich die Trainerin darauf aufmerksam gemacht hat. Denn die inflationäre Nennung des Namens war mir so nicht bewusst. Im Alltag gehen solche Dinge offensichtlich leicht unter. Eine Hand voll Signale, mit denen man dem Hund mitteilen kann, was man gerade von ihm möchte, sind auf jeden Fall hilfreich und angeraten. Sonst wird die Namensnennung zum Rätselraten für den Hund. Was will mein Mensch wohl dieses Mal von mir?

Es ist also dringend an der Zeit, dass wir unser Repertoire an richtigen Kommandos erweitern, die dem Hund sagen: setz dich, komm zu mir, nein, friss nicht den Hundeköttel / das angegammelte Pizzastück / den zerbröselten Butterkeks / das

Igittigitt da. Ach so, und das Wichtigste vielleicht überhaupt: alle Aufmerksamkeit zu Frauchen!

Der Göttergatte amüsiert sich übrigens blendend darüber, dass das kleine bulgarische Knickohr es geschafft hat, mich um sein Pfötchen zu wickeln. Die Neue hat nicht nur meinen ansonsten souveränen Führungsstil in Frage gestellt, sie hat ihn gerade mal mit ihrer eingeklemmten Rute beiseitegefegt. Das ansonsten so gut organisierte und gut sortierte Frauchen, also ich, lässt sich von dem kleinen Tierchen vorführen. Na großartig.

Wir sind auf dem Friedhof unterwegs. Beide Leinen sind in einer Hand. In der anderen ist das Handy. Ich telefoniere mit meinem Papa. Ich weiß, dass ich da in der Regel gar nichts von halte, wenn Menschen telefonierend mit ihren Hunden Gassi gehen. Sie sollten sich besser mit ihren Hunden beschäftigen. Aber mein Vater hatte bereits mehrfach versucht, mich zu erreichen, und sich schon Sorgen gemacht. Also habe ich das Telefonat mal angenommen. Aus den drei geplanten Sätzen, dass bei mir alles gut ist, wird ein Geplauder über dieses und jenes. Jetzt kommen wir doch ins Quatschen. Das geht mit meinem Vater sehr gut. Der Neuen wird derweil langweilig. Sie fängt an herumzuflippen. Irgendwas lässt sich in dieser Gegend doch bestimmt jagen. Ich will mich gerade verabschieden, weil mir das Gezuppel an der Leine langsam zu wild wird. Ich greife einmal neu in die Leinen, damit ich einen Finger frei habe, um das Gespräch zu beenden, da zieht sie mir die Leinen aus der Hand. Gut, dass wir gerade nicht an der befahrenen Straße stehen. Ich rufe ein langgezogenes „Hiiiiiiiiiiiiiiiiieeer" hinter ihr her, während mir das Handy in einen Maulwurfshügel fällt. Zumindest weich gelandet, wenn auch etwas erdig. Der Große guckt sich mit einem Blick um, der mir sagen will: „Wie, hier? Jetzt? Wieso?" Und was macht unser Neuzugang? Sie dreht sich um, flitzt auf mich zu und strahlt mir ein „Yeah, Frauchen, ich komme!" entgegen. Boah, Maus, irgendwas haben wir wohl doch richtig gemacht.

Corona, Quarantäne und glückliche Gartenbesitzer

Als Corona erfunden wurde, hat aber auch keiner an die Hundebesitzer gedacht. Die Gassi-Problematik in Corona-Zeiten wurde offensichtlich, als die ersten Hundemenschen in unserem Bekanntenkreis in Quarantäne mussten. Wir fragten uns, was eigentlich Menschen machen, die in Etagenwohnungen leben, vierzehn Tage unter Quarantäne stehen und noch nicht einmal einen Garten zur Verfügung haben?

Und dann traf es uns. Wir waren Kontaktpersonen ersten Grades und hatten die ersten vier Tage unserer Quarantäne bereits unwissentlich hinter uns gebracht. Zehn Tage blieben also, in denen wir keinen Fuß vom eigenen Grund und Boden setzen durften.

Wenn man seinem Hund fünf Jahre lang sagt, dass er das Grün im Garten nicht wässern darf, damit Buchsbaum und Co. sich nicht in braune Trauerweiden verwandeln, dann ist es schwierig, das auf einmal von ihm abzuverlangen. Verständnislos lief der Große Runde um Runde mit mir durch den Garten und guckte mich bei der Abzweigung nach vorne immer wieder hoffnungsvoll an. „Gehen wir jetzt da lang?"

„Nein, mein Großer. Das tun wir leider nicht." Er hatte es nicht verstanden. Und das habe ich nur allzu gut verstanden. Nur der wirklich große Druck auf der Blase hat letztendlich dazu geführt, dass er es doch einmal probiert hat. Dabei schaute er mich mit gesenktem Kopf an, als ob er fragen würde: „Darf ich das jetzt ehrlich?"

Mit der Neuen war das unproblematisch. Eines, was mit ihr mal besser geklappt hat, als mit ihm. Sie pinkelte ja sowieso in den Garten. Vielleicht hätte es dem Großen geholfen, wenn wenigstens Pipispuren von anderen Hunden vorhanden gewesen wären, über die er hätte drüberpinkeln können. Wir hätten ja alle Hundebesitzer aus der Nachbarschaft bitten können, ihre Gassirunde einmal durch unseren Garten zu führen. Telefonisch natürlich. Das hätte bestimmt geholfen. Doch ich befürchte, das wäre auch nicht coronakonform gewesen.

Selbst wenn wir den Großen noch anderen Leuten hätten mitgeben können und hier lediglich hätten schauen müssen, dass sie ihn im Zweifel auch halten können, mit der Neuen wäre das nicht gegangen. Sie geht mit niemandem mit. Sie flüchtet ja vor allen Menschen. Selbst die Eltern, die regelmäßig mit Bergen von Leckerlis zu Besuch kommen, können sie nicht an der Leine mitnehmen. Sie würde in den maximalen Abstand flüchten, den die Leine zulässt, und in diesem verharren. Ich stelle mir das spaßig vor, wie so eine kontaktlose Übergabe wohl erfolgt wäre. Ich hätte die Neue an einer fünf Meter langen Schleppleine angeleint, selbst einen Meter davon in der Hand behalten und die restlichen vier Meter durch die Haustür zu dem Gassigänger geschmissen. Der hätte sich die Neue dann angeln müssen und sie an vier stocksteifen Beinen über die Schwelle zerren. Willkommen in den Anfängen.

Nein, das haben wir natürlich nicht gemacht. Entsprechend sah unser Garten aus. Wenn der Sommer den Rasen nicht bereits in eine Steppenlandschaft verwandelt hätte, so hatte die Anhäufung der kreisrunden gelben Flecken nun dafür gesorgt. Gut, dass der Herbst das Ganze gnädigerweise mit bunten Blättern bedeckt hat. So sah es nicht ganz so schlimm aus. Unsere Hoffnung galt dem

Frühling, der Corona vertreiben und das Grün neu sprießen lassen würde.

Grundsätzlich sollte man sich überlegen, ob man dem Hund verbietet, in den Garten zu machen. Gartenstolz und Ästhetik stehen der schieren Nützlichkeit in manchen Situationen gegenüber. Zwar machen sich die unschönen Stellen im Rasen oder an der Hecke mit der Zeit bemerkbar, wenn der Vierbeiner regelmäßig dorthin pinkelt. Bei der Neuen haben wir sogar das Gefühl, dass der Rasen sofort aufgibt, wenn sie sich nur ein einziges Mal irgendwo hinhockt. Aber in Situationen, in denen man kaum eine andere Wahl hat, ist es Gold wert, wenn man einen Garten hat, in dem sich der Hund lösen kann. Eine Bekannte sagte, dass sie froh waren, einen Garten zu haben, in den sie ihren Hund mal gerade bringen konnten, als er älter wurde.

Tja, Corona bringt eine ganz neue Perspektive in diese Überlegung. Und bei der Neuen lautete die Entscheidung ja sowieso nicht „Schöner Garten oder praktische Pipi-Möglichkeit", sondern „Pinkeln im Haus oder Pinkeln im Garten". Wir haben uns für das kleinere Übel entschieden.

Als die Quarantäne vorbei war und der Große heilfroh, dass er endlich wieder richtig rausdurfte, haben wir als Erstes unsere Lieblingsrunde durch den alten Park gedreht. Dort habe ich auf einem Kotbeutelspender folgenden Hinweis gelesen: „Wir bitten um Ihr Verständnis. Aufgrund der aktuellen Situation durch das Corona-Virus kommt es derzeit zu Lieferschwierigkeiten der Hundekotbeutel."

Das ist jetzt nicht wahr, oder? Wie lange waren wir nicht draußen? Da hatte das Toilettenpapierdesaster die Hundewelt erreicht. Aber warum bitte? Meine Hunde machten die gleichen ein bis drei

Haufen am Tag wie zuvor. Egal ob wir Menschen Corona haben oder nicht. Wenn also die Anzahl der Hunde in einer Stadt mit dem Beginn der Pandemie nicht deutlich angestiegen war, warum brauchte dann die Bevölkerung dieser Stadt auf einmal so viel mehr Kotbeutel? Klauten die Leute die Beutel und legten sie sich auf Vorrat gleich neben die Berge von Toilettenpapier? Oder wieso kam es zu den Engpässen? Das verstehe ich nicht. Vielleicht benötigte die Industrie nun so viel mehr Folie, um die ganzen Klopapier-Verpackung zu produzieren, die nach Ausbruch der Pandemie gebraucht wurden?

Ganz toll fand ich die Reaktionen der Leute, als sie erfahren haben, dass wir in Quarantäne sind. Fast alle waren verständnisvoll, haben uns nur das Beste gewünscht und dass der Test negativ ist. Und ganz viele wollten für uns einkaufen gehen. Der Kühlschrank wäre zum Bersten voll gewesen, wenn wir das alles angenommen hätten. Eine Kollegin fragte sehr mitfühlend: „Wer kocht denn dann für euch? Habt ihr was zu essen? Sagt Bescheid, dann stelle ich euch was vor die Tür." – Made my Day!
Wir haben uns so darüber gefreut, als tatsächlich Leute mit Corona-Carepaketen und fünf Meter Sicherheitsabstand vor unserer Haustür standen. Und wir haben sehr gelacht. Denn in jedem Carepaket waren Bananen und Toilettenpapier enthalten. Wir erweiterten in diesen Tagen unser Repertoire an Gerichten, die Bananen enthielten. Es gab neben Bananenpfannkuchen auch selbstgebackenes Bananenbrot (mit Trockenhefe, die wir vorrätig hatten) und ein Gericht aus der kreolischen Küche mit Reis. Eigentlich sollten Kochbananen rein. Aber gut, über solche Feinheiten konnten wir in der Situation getrost hinwegschauen.

Zwei Tagen dauerte es, bis wir unsere Testergebnisse hatten. Beide zum Glück negativ. Wir schickten die frohe Botschaft erleichtert an die WhatsApp-Gemeinde. Eine ganz liebe ehemalige Kollegin schrieb daraufhin:

„Das ist gut! Super! Dann seid ihr aus der Quarantäne, oder nicht?"

„Ne, die bleibt trotzdem bestehen."

„Standhaft bleiben … und Zeit für euch! Genießen!"

„Nix genießen. Home-Office."

„Keine Anfahrt … großzügige Pausen … festes Ende … Hunde aufm Fuß …"

„Gut, es gibt Schlimmeres. ;o)"

Hunde im Home-Office

Ich bin im Home-Office und telefoniere mit meinem Chef. Ich sitze im Erdgeschoss am Esstisch. Der Göttergatte sitzt mit dem Großen neben mir auf der Treppe. Er wollte sich gerade die Schuhe anziehen und der Große ist zu ihm gekommen, um sich ein paar Streicheleinheiten abzuholen. Dann macht er Yoga, das heißt Oberkörper tief und gestreckt, den Poppes in die Höhe. Wie so häufig entfleucht ihm ein Lüftchen dabei. Ausgiebig und lautstark können wir wohl eher von einer steifen Brise sprechen. Ich hoffe inständig, dass die Telefonverbindung nicht alles überträgt, was hier so stattfindet. Doch anstatt zu schweigen bestätigt der Göttergatte den Großen auch noch mit einem „Oh, das hast du aber fein gemacht. Kannst du Pups-Yoga!" Und ich muss mich sehr beherrschen, nicht loszulachen, da mein Chef und ich gerade ernsthafte Themen besprechen. Die Tücken des Home-Office.

Home-Office in Corona-Zeiten hat für viele schlicht den Unterschied gemacht zwischen arbeiten können und Kurzarbeit. Nichtsdestotrotz haften viele Vorurteile daran wie: Die gucken eh nur den ganzen Tag Netflix, die arbeiten gar nicht richtig, die gehen jetzt den ganzen Tag mit ihrem Hund Gassi, machen den Abwasch, erledigen die Wäsche und dergleichen mehr. Ich habe auf der Arbeit erst einmal hinlänglich mitgeteilt, dass ich gar kein Netflix habe.
Es gibt übrigens Home-Office und es gibt mobiles Arbeiten, was eigentlich das Gleiche ist. Mobiles Arbeiten heißt Home-Office lediglich bei all den Arbeitgebern, die sich nicht für die katastrophalen arbeitsschutzrechtlichen Zustände rund um den

heimischen Küchentisch verantwortlich fühlen wollen. Unterm Strich bleibt der Arbeitnehmer mit dem Arsch zuhause und versucht, sein Arbeitspensum zu schaffen, obwohl der Paketbote klingelt, die Hunde während der Videokonferenz das freche Katzenvieh auf der Terrasse verbellen, die Kinder im Home-Schooling betreut werden müssen und die Mutter beleidigt ist, dass man nicht täglich vorbeikommt, obwohl man doch jetzt zuhause ist.

Die Tücken des Home-Office (ein ganz normaler Tag)
Eine Viertelstunde vor einem Meeting. Der Chef hat die Wichtigkeit des Treffens vorher extra noch einmal deutlich gemacht. Also sitze ich da. Alles ist vorbereitet. Die Frisur sitzt auch. Da fängt die Neue an zu fiepsen und geht zur Tür. Nicht dein fucking Ernst, oder? Doch ich weiß genau, der Hund meint das jetzt wirklich ernst. Der Pegel steht schon am Anschlag, wenn die sich mal meldet. Und großartig Vorlaufzeit gibt es da nicht. Nun habe ich genau zwei Möglichkeiten: entweder der Unbill des Chefs oder Putzen. Denn die zwei Stunden, die für das Meeting angesetzt sind, hält die Bulgarin jetzt auf keinen Fall mehr aus. Ich gucke noch einmal über meinen Arbeitstisch, die Unterlagen liegen bereit, die Verbindung steht, es ist alles startklar. Vielleicht habe ich ja doch die Chance auf Option drei. Noch vierzehn Minuten.
Ich flitze zur Tür, reiße meine Jacke vom Haken und stelle die Schuhe vor die Tür. Die Quenglerin kommt freudig angeflitzt, als ich das Geschirr rauskrame. Als ich es in der Hand habe, läuft sie wieder weg. Jetzt wird die auch noch albern. Also Hund einfangen, zwischen die Beine klemmen und das Geschirr anlegen. Noch dreizehn Minuten.
Nach Einfangen und Antüdeln steht die nächste Aufgabe an: nur mit ihr durch die Tür gehen. Der Große drängelt mit raus. Der

kann das gar nicht haben, wenn er nicht mit darf. Dafür habe ich aber gerade so was von gar keine Zeit und muss ihm etwas genervt und deutlich mitteilen, dass er jetzt nicht dran ist. Beleidigt bleibt er mitten im Weg stehen. Und ich muss die Neue und mich um ihn herum bugsieren, ohne ihm dabei eine Lücke zu lassen, durch die er doch noch nach draußen entfleuchen könnte. Da ist er nämlich findig. Wir passieren die Türschwelle, als die Neue abrupt stehen bleibt. Draußen fisselt es. Der Wind treibt ihr den feinen Nieselregen ins Gesicht. Das mag sie gar nicht. Da will sie grundsätzlich nicht raus. Doch für grundsätzlich haben wir jetzt keine Zeit. Denn grundsätzlich drängt es sie. Und mich auch. Kannst du dich bitte mal daran erinnern, dass du es vor fünf Minuten noch extrem nötig hattest?! Also schiebe ich den Großen ein letztes Mal ein Stück zurück, damit ich die Tür schließen kann, während ich sie davon abhalte, durch selbige ins Haus zurück zu gelangen. Herrschaften, ihr macht mich fertig! Noch zwölf Minuten.

Als ich die Tür endlich geschlossen habe und sogar mit dem richtigen Hund davorstehe, fällt mir ein, dass der Chef mir ja noch eine überarbeitete Grafik für die Präsentation geschickt hatte. Natürlich auf den letzten Sticken. Das hatte ich bei all dem Trubel heute völlig vergessen. Mist, die habe ich nicht mehr eingebaut. Gut, das muss dann auch so gehen. Improvisation ist alles. Jetzt, wo wir draußen sind, wird der Neuen die Nötigkeit unseres Unterfangens wieder bewusst. Sie zieht mich zum nächsten Grünstreifen und hockt sich hin. Das war wirklich dringend. Als wir wieder reinkommen, werden wir von dem Großen regelrecht überfallen. Er stürzt sich auf die Neue und versucht damit, seine Aufregung darüber loszuwerden, dass er nicht mit nach draußen durfte. Wir waren zwar keine fünf Minuten draußen, doch hier geht's ihm ums Prinzip. Ich habe gerade noch die Chance, sie von der Leine zu machen, da toben die beiden auch schon los. Offensichtlich erleichtert, geht sie gerne auf das Spiel ein, was sich jetzt in wilden Kreisen durch das Wohnzimmer zieht. Augenscheinlich kann ich nicht mehr bis vier zählen, denn die Pfote, die bei unserem Gang am schmutzigsten geworden ist, habe ich nicht abgetrocknet. Dicke dunkle Tapsen ziehen sich von der Eingangstür zum Wohnzimmer. Als ich ins Wohnzimmer schaue, ziehen sie sich in mehreren Ovalen durch den Raum. Immer schwächer werdend erkennt man, wo die wilde Luzie langging. Hätte ich Zeit, könnte ich jetzt Studien zum Laufverhalten der Hunde im Spiel machen. Habe ich aber nicht. Noch nicht einmal zum Saubermachen. Noch drei Minuten.

Ich schaffe es gerade noch, mir einmal mit den Fingern durch die Haare zu gehen, die neue Grafik aus der Mail auf den Desktop zu ziehen und Punkt dreizehn Uhr vor meinem Laptop zu sitzen. Meine Frisur hat sich im leichten Nieselregen leider verabschiedet. Was soll`s?! Ich will mich in das Meeting einwählen, bekomme aber keinen Zutritt. Ein Textfeld sagt mir, dass ich warten soll, bis ich vom Organisator eingelassen werde. Nur das passiert nicht. Nach fünf Minuten werde ich ein wenig unruhig und versuche es noch einmal. Erneut kein Zutritt. Ich schaue ein weiteres Mal nach. Ich habe vollen Empfang. Am Netz liegt es also nicht. Nach weiteren drei Minuten tickere ich meine Kollegin über WhatsApp an und frage, was los ist. Fünf Minuten später antwortet sie mir, dass es ein Problem mit dem Firmenserver gibt und der Chef das Meeting vor einer halben Stunde abgesagt hat. Er muss mich wohl vergessen haben zu informieren. Kann ja mal vorkommen.

Die Neue liegt auf ihrer Decke und schläft. Der Große ebenfalls. Jetzt hätte ich alle Zeit der Welt für einmal Gassi gehabt. Puh, was für ein Tag im Home-Office. Was für ein Stress!

O du Gruselige – es weihnachtet sehr

Neue Jahreszeiten bringen neue Herausforderungen mit sich. In der Woche vor dem ersten Advent werden üblicherweise die Häuser und Vorgärten geschmückt. Deko, Lichterketten und Figuren. Es wird alles rausgeholt, was Keller, Dachböden, Baumärkte und Onlineshops so hergeben. Am Samstag vor dem ersten Advent wird zwei Straßen weiter, auf unserer abendlichen Gassistrecke, ein etwa ein Meter fünfzig großer Weihnachtsmann aufgestellt. Er besteht aus einer Stoffhülle, die mittels eines Gebläses in Form gepustet wird. Und mit einem deutlichen Brummgeräusch wird aus einem Tuch ein prall gefüllter, leicht wippender Weihnachtsmann. Hinzu kommt die Festtagsbeleuchtung. Der Weihnachtsmann wird von innen heraus illuminiert wie der Times Square bei Nacht.

Schon allein die rote Mütze, die über dem Zaun aufblitzt, versetzt die Neue in Alarmbereitschaft. Sie weicht aus, guckt hektisch und ein erstes leises Knurren ist zu vernehmen. Wir gehen weiter. Die Lichtgestalt verschwindet hinter der Hecke. Bis wir zum Gartentor kommen, ist sie nicht mehr zu sehen. Da präsentiert sie sich uns in voller Größe. Die Neue kläfft los, was das Zeug hält, um den furchtbaren Angreifer in die Flucht zu schlagen. Der Große schaut, animiert durch ihre Deutlichkeit, hektisch hin und her. Aus Solidarität regt er sich mit auf. Er vermutet den Angreifer in der Hecke und grollt daher in die völlig falsche Richtung. Er hat zwar keine Peilung, worum es geht – der große, rote Dekoartikel hat für ihn keine Bedeutung – doch wenn sie sich so aufregt, muss da ja wer sein. Sein Grollen wiederum bestätigt sie in ihrer Annahme, dass der Weihnachtsmann kreuzgefährlich ist. Und sie kläfft noch mehr. Ich bemühe mich derweil, die nächtliche Ruhestörung zu unterbinden und den Großen davon abzuhalten, die Hecke zu zerlegen.

Die Leute, die in dem Haus wohnen, hatten zu Halloween wild rotierende Gespenster mit Licht an die Wand geworfen. Das brauchte auch schon einiges an Überredungskünsten, damit wir da dran vorbeigehen konnten. Diese Illumination fand die Neue extrem gruselig. Und jetzt also der Weihnachtsmann. Wir haben noch knapp vier Wochen Zeit, um das Thema in den Griff zu kriegen. Alternativ muss ich mir überlegen, abends eine andere Gassistrecke zu gehen. Zumindest bis Weihnachten. Da wir keinen Kamin haben, muss der Weihnachtsmann wohl durch die Tür kommen. Und beim ersten Aufeinandertreffen mit dem Weihnachtsmann – ha, keine Chance! Da sehe ich schwarz für unsere Geschenke.

Natürlich wird auch zuhause geschmückt. Ich liebe die Weihnachtszeit. Daher enthält unsere weihnachtliche Dekokiste ein wenig mehr Schnickschnack als die für das restliche Jahr. Leider teilt die Neue meine Vorliebe nicht. Im besten Fall wird die Deko ausgiebig und mit einer ordentlichen Portion Skepsis beschnüffelt. Dort, wo es nicht so gut läuft, tut sie ihren Protest lautstark kund. Anhaltend.

Am zweiten Dezember hat sie meinen Adventskalender entdeckt. Ein großer Schneemann, bestückt mit Rubbellosen, hängt in der Küche am Kühlschrank. Keine Ahnung, wo sie tags zuvor so hingeschaut hat. Dorthin auf jeden Fall nicht. Als sie ihn sieht, erstarrt sie und knurrt ihn langanhaltend an. An diesem Tag habe ich tatsächlich den ersten Geldbetrag freigerubbelt. Einen Euro.

Spitze! Morgen darf sie wieder knurren. Gerne noch ein wenig bedrohlicher. Vielleicht rückt der Schneemann daraufhin noch ein paar Gewinne raus in diesem Advent.

Da sie nicht aufhört, die Weihnachtsdeko anzuknurren und zu verbellen, haben wir einen Großteil zurück in die Kisten geräumt und sie auf das Nötigste reduziert. Alles, was schlicht und aus Holz ist, weder blinkt noch reflektiert, durfte bleiben. So dezent habe ich, glaube ich, das letzte Mal in unserer ersten Wohnung dekoriert. Da hatten wir noch nicht so viel Dekomaterial. Gut, dass wir die Neue nicht in der Weihnachtszeit zu uns geholt haben. Denn dann wäre das der Status quo gewesen und wir hätten die Weihnachtsdeko ganzjährig stehen lassen müssen.

Wir haben im letzten Jahr riesengroße Filzmützen geschenkt bekommen, die man über die Stuhllehnen ziehen kann. Das sieht sehr niedlich aus, finde ich. Daher krame ich sie in diesem Jahr wieder aus dem Schrank und dekoriere die Esszimmerstühle damit. Die Neue hat sich zwischenzeitlich in ihr Körbchen im Wohnzimmer verzogen. Sie hat offensichtlich die Nase voll von meinen Dekoaktivitäten. Oder sie hat Halsschmerzen vom Knurren.

Als sie das nächste Mal aus ihrer Ecke hervorkommt und in Richtung Esstisch blickt, erstarrt sie. Da sitzt jemand! Mit rotem Mantel und mit Mütze. Und sie hat es nicht mitbekommen. Sie wagt sich nicht aus dem Wohnzimmer und läuft stattdessen Spurrillen ins Parkett. Sie geht immer wieder von vorne nach hinten und guckt um das Sofa herum. Immer noch da. Ich versuche, sie zu mir zu locken, um die Ungefährlichkeit der Zipfelmützenbezüge zu demonstrieren. Keine Chance. Ich drehe einen der Stühle ein bisschen um. Daraufhin pest die Neue hinter das Sofa. Weg ist sie. Ich atme einmal tief durch und schaue weiter nach ungefährlicher Holzweihnachtsdeko.

Ich sitze am provisorischen Home-Office-Esstisch und erledige letzte Arbeiten. Sie liegt auf ihrer Decke und guckt noch ein bisschen durch die Gegend. Ihr Blick schweift durch den Raum und bleibt an dem Schriftzug „Frohe Weihnachten" hängen. Er hängt im Treppenhaus und bewegt sich minimal in der warmen Heizungsluft. Ein Grollen ist aus ihrer Kehle zu hören. Sie knurrt mal wieder, TAGE nachdem wir das Teil aufgehängt haben. Der Göttergatte mutmaßt, dass Weihnachten wohl ausfallen muss. Denn sicherlich wird sie eine Menge gegen das Aufstellen des Weihnachtsbaums haben. Und wenn wir statt „Stille Nacht, heilige Nacht" nur ein Knurrkonzert vorm Weihnachtsbaum haben, ist das auch nicht so richtig festlich.

Wenige Tage nach Nikolaus geht die Jalousie hoch, als sie mal wieder losgelegt und den Weihnachtsmann zwei Straßen weiter verbellt. Ich glaube, die Leute haben mittlerweile Angst um ihre Weihnachtsdeko. Daraufhin pausiere ich ein paar Tage mit dem Training und wähle doch eine andere Strecke.

Achtzehnter Dezember, dreiundzwanzig Uhr, in the Ghetto. Noch sechs Tage bis Heiligabend. Ich traue mich wieder in die berüchtigte Straße. Langsam wird es knapp. Wir gehen direkt auf das Winterwunderland-Haus zu. Alles ist dunkel. Haben wir Stromausfall? Nein, vereinzelt brennt noch Licht in der Nachbarschaft. Aber hier kein Leuchten, kein Brummen, kein Luftstoß zu hören. Ich brauche einen Moment, um zu realisieren, dass der Weihnachtsmann nicht mehr da ist. Die Neue macht zwar noch einen Schlenker auf dem Bordstein, aber ansonsten gehen wir gesittet an dem Haus vorbei. Als ob nie etwas gewesen wäre. Himmlische Ruhe. Puh, das gibt Hoffnung. Na, dann kann das ja vielleicht doch noch etwas werden mit den Weihnachtsgeschenken. Jetzt müssen wir nur zusehen, dass unser Weihnachtsmann möglichst unbeleuchtet am vierundzwanzigsten durch die Türe tritt.

Neues Jahr, neues Glück

Ein neues Jahr hat gerade begonnen. Und man darf gespannt sein, was es alles mit sich bringt. Bei dem alten Jahr sind wir alle froh, dass wir es endlich verabschieden durften. Das Corona-Jahr eins hat viel Blödes mit sich gebracht. Nicht vergessen sollte man jedoch, dass es trotz alledem auch Gutes gab. Für uns war das sicherlich die Tatsache, dass unsere kleine Schmusemaus in unser Leben getreten ist. Das war ohne jede Frage ein sehr erfreuliches Ereignis, auch wenn es ein steiniger Weg von der Chaosqueen zur Schmusemaus war.

Zum Glück sind wir mittlerweile weit davon entfernt, zwei Schritte zurück zu machen, bevor man einen zaghaften nach vorne wagen kann. Doch immer noch gibt es Situationen, in denen Rückschritte passieren. Das Silvesterfeuerwerk zum Beispiel hat die kleine Bulgarin doch sehr verunsichert. Und das, obwohl es coronabedingt eher verhalten ausgefallen ist. Aber die Böller, die hochgegangen sind, haben sie verschreckt und ängstlich in ihrem Körbchen verharren lassen. Ans Rausgehen war in der Silvesternacht nicht zu denken. Maximal Raustragen. Daher hat sie die wenigen Meter bis zur nächsten Wiese auf meinem Arm bewältigt. Einmal musste sie schließlich noch pullern. Sonst wäre die Nacht verdammt lang geworden. Es ist schon so lange her, dass ich sie Gassi getragen habe, dass ich mich kaum noch daran erinnern kann. Aber auf einmal war es wieder sehr real und präsent. Und auch heute, in der Nacht nach Silvester, braucht es einige gute Leckerlis, über die der Große sich natürlich sehr freut, sehr viel good Vibrations meinerseits und ein wenig Trickserei, um sie vor die Haustür zu bugsieren. Sie ist leider in Verhaltensweisen zurückgefallen, die ich hinter uns gebracht hoffte. Die Knallerei hat sie zu der Überzeugung gebracht, dass das draußen doch ein schrecklicher Ort ist, wenn es dunkel ist.

Neues Jahr, neues Glück!

Es ist der siebzehnte Januar. Heute hat es das erste Mal richtig geschneit in diesen Breitengraden. Wir sind auf unserer spätabendlichen Runde unterwegs. Und dort, wo die letzten vier Wochen kein Weihnachtsmann mehr gestanden hat, steht jetzt ein ein Meter fünfzig großer, weiß-leuchtender und brummender Schneemann. Während ich mir noch denke, dass das nun von vorne losgeht, marschiert die Neue daran vorbei und würdigt ihn nicht eines Blickes. Voll die coole Socke. Aber verstehen muss ich das jetzt nicht, oder?

Winterwunderland

Anfang Februar, die Neue ist nun fast ein Jahr bei uns, haben wir einen heftigen Wintereinbruch. Ein guter halber Meter Schnee bedeckt die ersten Frühlingsboten, die bereits keck ihre Köpfe aus dem Erdreich gestreckt hatten. Schnee, so weit das Auge reicht. Und das, wo ich doch erst vor einer Woche die Weihnachtsdeko weggeräumt habe. Schlechtes Timing.

Der Schneesturm kam in der Nacht zu Sonntag. Er war angekündigt. Aber auf der späten Gassirunde Samstagnacht war noch nichts davon zu sehen. Vielleicht würde es uns ja nicht so stark treffen? Doch das tat es. Der Schnee kam in Massen herunter. So etwas haben wir lange nicht mehr zu sehen bekommen. Außer im Fernsehen.

Das neue Ich der Bulgarin scheint der Überzeugung zu sein, dass sie ein Schlittenhund ist. Meine Güte, ist die aufgekratzt, als die vor die Tür kommt. Sie pest regelrecht die Einfahrt hoch. Der Große, ebenfalls in seinem Element, macht zudem Gas.
Der Große hatte eine Erkältung verschleppt und wurde seinen Husten in den letzten Wochen nicht richtig los. Er war nicht wirklich schlimm. Aber er ging auch nicht weg. Daher hieß es schonen. Dementsprechend waren die beiden schon eine Weile nicht mehr von der Leine gekommen. Was sie nun veranstalten, ist weit entfernt von schonen. Aber jeder, der einmal einen Hund hatte, weiß, dass sich diese ab und zu austoben müssen. Sonst knallen sie durch und haben ihre wilden fünf Minuten im Haus. Beim Blick auf das Schlittenhundegespann vor mir wird klar, dass die auch nicht mehr weit davon entfernt sind. Die Neue läuft

bereits immer wieder im Bogen an den Großen ran, was seine Wirkung nicht verfehlt. Er legt sich tiefer und läuft ebenfalls einen Halbkreis. Statt nach vorne zu laufen, rennen sie nun aufeinander zu, und ich muss zusehen, dass ich a) abrupt zum Stehen komme, damit ich b) nicht über die Hunde falle, während ich c) zwei angeleinte Vierbeiner, denen gerade die Sicherungen durchbrennen, auseinanderhalten muss. Denn sonst liege ich tatsächlich hier, vor den Augen der schneeschippenden Nachbarschaft. Aber versuchen Sie mal, Wasser mit einem Sieb zu schöpfen. Das ist ähnlich erfolgreich. Daher mache ich eine deutliche Ansage und versuche, die Dynamik wieder nach vorne zu lenken.

Ich will unsere große Runde durch den alten Park machen. Bis wir dort sind, laufen wir mitten auf der Straße, in den Spuren der wenigen Autos, die sich bislang rausgetraut haben. So etwas habe ich seit Kindertagen nicht mehr getan. Wir haben alle einen Riesenspaß. Die Neue rennt so ausgelassen und unbeschwert wie ein Junghund vor mir her. Und beim Großen habe ich das Gefühl, dass er sich in eine riesige Nase mit Vier-Pfoten-Antrieb verwandelt. Das Hören wurde zugunsten der enormen Schnüffelleistung eingestellt. Im Schnee scheinen die Spuren eine Sonderausgabe zu sein. Zeitung de luxe sozusagen. Der ist teilweise nicht mehr ansprechbar, während er mit der Nase im tiefen Schnee versinkt. Ich frage mich zwischenzeitig, wie der wohl da unten Luft kriegt.

Der alte Park sieht wunderschön aus. Dicke Schneewatte-Berge bedecken die Äste der Bäume, der Himmel ist strahlend blau und die Sonne verwandelt die Eiskristalle in ein Glitzermeer. Während ich mich an dieser phantastischen Landschaft kaum sattsehen kann, ist meine aufgekratzte Meute mit Schnüffeln und Rennen beschäftigt. Die genießen den Schnee ebenfalls. Jeder auf seine Weise.

Nach anderthalb Stunden sind wir wieder zuhause. Unser bulgarisches Knickohr hat fast die ganze Zeit Vollgas gemacht. Lediglich dort, wo die Gehwege geräumt waren, ist sie mal normal gegangen. Der Große hat mit Eifer jeder Kaninchenspur nachgeschnüffelt, die wir gefunden haben. Und ich? Ich schäle mich aus dampfenden Klamotten. Meine sportliche Einheit des Tages habe ich hinter mir, nachdem ich den Großteil der Strecke in dicken, halbhohen Treckingboots durch Schneewehen gelaufen bin und zwei HS (Hundestärken) davon abgehalten habe, sich selbständig zu machen. Die Wuffs verspeisen indes ihre sonntäglichen Lachsknochen, während ich einen gefühlten halben Hausstand über diverse Heizungen verteile. Nachdem ich auch die Schmelzwasserpfützen beseitigt habe, sind die Hundeaugen bereits geschlossen und die beiden schlummern vor sich hin. Die sind jetzt erst einmal müde. Puh, ich glaube, ich muss auch aufs Sofa. Gut, dass Sonntag ist.

Welcome Home Day!

WhatsApp-Statusmeldung

Mein kleines bulgarisches Knickohr,
vor einem Jahr warst du bereits auf großer Fahrt in dein neues Zuhause.
Heute ist dein Welcome Home Day.
Auch wenn das zurückliegende Jahr für uns alle nicht immer so ganz einfach
war, wir möchten dich auf keinen Fall mehr missen.
Du bist unsere kleine Chaosqueen, unsere Schmusemaus und wilde Hummel!
Schön, dass du da bist!

Niemand weiß, wann so ein Auslandshund tatsächlich geboren wurde. Im besten Fall ist sein Geburtsdatum eine freundliche Schätzung. Eigentlich könnte man es auch würfeln. Deswegen feiern wir den Welcome Home Day. Das ist der Tag, an dem der Hund zu uns in die Familie gekommen ist. Hiermit können wir auch viel mehr anfangen. Und in dem Fall der Neuen kann der Tag, als sie zu uns in die Familie kam, mit der Geburt eines Hundewelpen fast mithalten. Zumindest emotional gesehen. Aufregend genug war er ja.

Ähnlich einer Geburtstagsparty gibt es Leckerlis und Geschenke. Ja, grinsen Sie nicht. Ich bin halt so. Und zu meiner Verteidigung muss ich sagen: Ich kenne einige Leute, die ihren Hunden ebenfalls etwas schenken. So!
Mein Geschenkeklassiker ist eine Schnüffelkiste. Hierfür befüllt man einen Pappkarton mit einer Menge Packpapier und unterschiedlichen Leckerlis, die sich überall im zerknüllten Packpapier verstecken. Je nachdem, ob es sich bei dem Hund um

einen kleinen Draufgänger oder um die Variante zaghafter Entdecker handelt, kann man die vier Ecken der Kiste auch noch ineinanderstecken und sie so verschließen. Unsere beiden lieben Schnüffelkisten. Der Große verschwindet mit dem Kopf regelmäßig komplett im knisternden Papier. Dabei schiebt er nicht selten den Pappkarton quer über die Fliesen und wir müssen das Ganze mit einem davorgestellten Fuß stoppen, damit Hund samt Kiste nicht irgendwann im Treppenhaus eine Etage tiefer poltern. Auch die Neue geht forsch zur Sache, nachdem sie festgestellt hat, dass es ganz großartige Dinge darin zu entdecken gibt. Super Beschäftigung für Spürnasen und Schnüffelkünstler.

Erstaunlich, wie schnell so ein Jahr herum ist. Und dabei haben wir so viel erlebt. Rückblickend spricht man häufig mit einem „Weißt du noch, als …?" hierüber. Und viele dieser „Weißt du nochs" betreffen ein erstes Mal, wo etwas geschehen ist. Wir hatten mit dem Großen zwar schon einen Hund, trotzdem gab es ganz viele neue erste Male im vergangenen Jahr. Das erste Mal gesehen und im Arm gehalten, der erste Gassigang, das erste gemeinsame Spiel, auf das der Große sich mit der Uschi eingelassen hat, das erste Mal Hundeschule, das erste Mal, als sie jemand anderes streicheln durfte, das erste Weihnachten zu viert …

Wenn man den Großen so betrachtet, wie er heute mit ihr umgeht, wie er schaut, was sie macht und wie er auf sie reagiert, dann kann man kaum glauben, dass er sie zu Anfang gemieden hat wie die unliebsame Tante, die zu Besuch kommt und immer ein Küsschen von den Kindern will. Ein ganz anderes Bild heutzutage. Heute gibt's vom Großen sogar ein Küsschen zum Welcome Home Day. Einen Keks aus ihrer Schnüffelkiste geklaut hat er trotzdem.

Ein paar Gedanken zum Schluss oder am Ende ist man immer schlauer

Das war die Geschichte von unserem kleinen bulgarischen Knickohr. Einem der zigtausend Hunde, die jedes Jahr aus einem ausländischen Shelter nach Deutschland kommen. An dieser Stelle wollte ich ein wenig Statistik einfließen lassen. Ich wollte schreiben, wie viele Hunde pro Jahr adoptiert werden, wie viele aus dem Ausland kommen und vielleicht, wie viele jedes Jahr wieder abgegeben werden. Allerdings habe ich es nicht geschafft, auch nur ansatzweise verlässliche Zahlen zu bekommen.

Was ich gefunden habe, ist nicht viel. 2020, das Jahr, in dem das Chaos bei uns Einzug gehalten hat, lebten 10,7 Millionen Hunde in Deutschland. In 21 % der Haushalte, also in jedem fünften, lebte mindestens ein Hund. Hochgerechnet, nicht ausgezählt. Nur Katzen gab es noch mehr. Hier waren es 15,7 Millionen in 26 % der Haushalte. Das hat eine Erhebung des Industrieverbands Heimtierbedarf (IVH) e. V. und des ZZF Zentralverband Zoologischer Fachbetriebe Deutschlands e. V. ergeben. PETA Deutschland e. V. hat mich bei meiner Recherche auf diese Statistik aufmerksam gemacht.

Jedoch spätestens bei Angaben über die Auslandshunde streikt die Statistik. Das liegt laut Deutschem Tierschutzbund e. V. und VETO, der Vereinigung europäischer Tierschutzorganisationen, unter anderem daran, dass schlicht nicht alle Transporte von Hunden aus dem Ausland nach Deutschland gemeldet werden müssen. Nur die gewerblichen Transporte müssen über TRACES, das Trade Control and Expert System, angemeldet werden. 2020 sind nach Angaben von TRACES über 100.000 Hunde nach Deutschland gekommen. Nimmt man die privaten und „unlauteren" Transporte hinzu, liegt die Zahl vermutlich deutlich höher. Die Transporte der deutschen Tierschutzvereine, die Partnertierheime im Ausland haben, deren Fellnasen sie sichtbar machen und ihnen so eine Chance auf ein schönes Leben geben, so wie in unserem Fall, zählen in diese Statik hinein. Somit ist die Geschichte der Neuen nur eine von x-tausend Hunden, die ein neues Zuhause und hoffentlich auch ein Stückchen Glück bei uns gefunden hat.

Diese Geschichte ist so einzigartig und individuell wie die Neue selbst. Aber sicherlich gibt es viele Leute, die bei der Lektüre dieses Buches nickend auf dem Sofa oder sonst wo gesessen haben und sich verstanden fühlten. Vielleicht haben sie einzelne Episoden so oder so ähnlich selbst erlebt. So einzigartig die Fellnasen auch sind, so wiederkehrend sind die Themen.
Das war somit unser ganz persönliches erstes Jahr miteinander, in dem wir alle viel gelernt, Erfahrungen gesammelt und festgestellt haben, was funktioniert und was vielleicht eine blöde Idee ist.

Auch wenn ich versucht habe, die Anfänge mit der Neuen durchaus humorvoll darzustellen, möchte ich das Buch nicht ohne ein paar ernsthafte Gedanken enden lassen. Denn sie war absolut kein Zuckerschlecken, die erste Zeit mit der Neuen. Wenn ich sie als Vollkatastrophe bezeichnet habe, dann meinte ich das auch tatsächlich so. Zwar bezogen auf einzelne Lebensbereiche, doch die waren und sind durchaus elementar. Denn es ist wirklich nicht lustig, wenn man jeden Gassigang bangen muss, ob sie dieses Mal wohl pullern wird. Wenn man seine komplette Trickkiste ausgepackt hat (kurz rein ins Warme und dann sofort wieder raus, auf den Rasen, in den eigenen Garten, Trainingspad in eine Pfütze tunken, damit es den passenden Geruch annimmt, und beim nächsten Gassigang mit rausnehmen, Pipi machen konditionieren) und man feststellen muss, dass nichts davon funktioniert. Und wenn man irgendwann nach Mitternacht ins Haus geht und sich denkt „Gut, warten wir mal ab, was passiert", in dem Wissen, dass der Hund zu einem gefühlten Viertel aus einer gefüllten Blase bestehen muss.

Auf der anderen Seite lernt man so natürlich auch die kleinen Dinge des Lebens zu schätzen und sich darüber zu freuen, wenn sich der Hund mitten in der Nacht zum Strullen hinhockt und man erleichtert „Endlich" denkt, während man sich seine übermüdeten Augen reibt. Auch wenn der Göttergatte das kleine Tierchen heute „Schmusemaus" nennt, alleine hätte er die Anfangszeit mit ihr niemals bewerkstelligen wollen.

Dieses Buch soll auf keinen Fall ein Plädoyer gegen einen Hund aus dem Auslandstierschutz sein. Auf keinen Fall! Es gibt so viele tolle und unkomplizierte Hunde auf dieser Welt, die alle ein tolles Zuhause verdient haben. Hunde, die sich auch relativ schnell eingewöhnen und ein super Team mit ihren Menschen bilden. Aber auch die, die Eingewöhnungszeit und Management benötigten, haben ein tolles Zuhause mit Sachverstand verdient. Allerdings darf man nie vergessen, dass jeder sein Päckchen mitbringt, egal ob Mensch oder Tier. Und dass so ein Auslandsfellchen, wenn man es nie vorher persönlich kennengelernt hat, die eine oder andere Überraschung mit im Gepäck haben kann.

Auch wenn Sie bei der Lektüre dieses Buches den einen oder anderen Trainingsansatz in der Erziehung von Hunden oder dem Umgang mit ängstlichen Hunden gelesen haben – bitte, bitte, bitte missverstehen Sie dieses Buch nicht als Erziehungsratgeber für Hunde. Und nehmen Sie es schon einmal erst recht nicht als Trainingsansatz für einen ängstlichen Hund.

Unser Umgang mit der erwachsenen, schlecht sozialisierten, ängstlichen Hündin aus dem Tierschutz ist in keinster Weise als verhaltenstherapeutischer Ansatz zu betrachten. Ängste sind sehr individuell und ihr Management ist es auch. Hat man einen ängstlichen Hund, sollte man auf jeden Fall den Rat und die Unterstützung einer professionellen Hundetrainerin oder eines - trainers in Anspruch nehmen. Auf diese Weise habe ich hilfreiche Ratschläge bekommen. Die Trainerin hat sich das Verhalten der Neuen genau angeschaut und hat geprüft, wie sie in welchen Situationen reagiert. Dabei ist zum Beispiel herausgekommen, dass die Neue ihr Angstverhalten ein Stück weit strategisch einsetzt. Mein Umgang mit ihr ist daher nicht einfach so auf andere Hunde zu übertragen.

Ich erinnere mich an eine Situation mit dem Großen, in der ein anderer Hundebesitzer seine noch relativ junge, eher unsichere Hündin dem Großen vor die Nase gesetzt hatte mit den Worten: „Guck mal, der tut dir doch nichts." Herrchen kann nicht verstehen, dass sie seitdem immer Theater macht, wenn sie den Großen sieht. Denn er hat ihr nie etwas getan. Er war eher freundlich interessiert. Aber aus Sicht der Hündin ist das ganz klar. Ihre Strategie, sich den großen Artgenossen vom Leibe zu halten, hat nicht funktioniert, da Herrchen sie ihm zum Fraß vor die Nase gesetzt hat. Dass er sie im Endeffekt nicht gefressen hat und dass auch sonst nichts weiter passiert ist, spielt keine Rolle. Sie wollte auf Abstand bleiben und das Bedürfnis hat Herrchen ohne weiteres Management missachtet. Nun geht sie offensiv mit der Situation um. Schade für die Hündin.

Ich bin keine Hundetrainerin. Ich bin nur eine Frau, die mittlerweile eine Idee davon hat, wie das mit der Hundeerziehung funktionieren kann. Und an einigen Stellen musste ich auch feststellen, dass es genau das nicht tat. Ich habe diverse Stunden in der Hundeschule verbracht. Auch schon mit dem Großen. Würde man das zusammenrechnen, würde mittlerweile bestimmt ein netter, kleiner Urlaub für die Hundetrainerin auf mich gehen. Hundeschule war für mich aber immer auch mehr als nur Hundeerziehung. Denn das meiste gelernt habe tatsächlich ich. Der Spaß ist bei alldem auch nicht zu kurz gekommen. Und als klar war, dass unser Lerngeschenk das Thema Angst war, habe ich viel dazu gelesen. All das macht mich aber nicht zu einer Fachfrau.

Es ist an sich schon eine Aufgabe, einen neuen Hund in sein Leben zu lassen, ihm die Welt zu zeigen und ihm zu erklären, welche Regeln man selbst für wichtig erachtet in dieser Welt. Einem Hund, der noch nie ein Zuhause hatte oder der auf der Straße gelebt hatte oder der vielleicht misshandelt wurde, der nie in unseren Zusammenhängen Regeln erklärt bekommen hat, ein Zuhause zu bieten, ist noch einmal eine ganz andere Hausnummer.

Aber auch wenn die Zustände, aus denen wir so einen Auslandshund zu uns holen, oft nicht gut sind, ihn nach kurzer Zeit wieder abzugeben, ist es definitiv auch nicht.
Wenn ich höre, dass Menschen einen Hund nach **einem** Tag ins Tierheim zurückbringen, weil er aus seinem neuen Zuhause (Bitte was ist das für ein Ort?) weggelaufen ist (Und dann haben sie festgestellt, dass der Border Collie unterm Gartenzaun herpasst.),

oder weil er geknurrt hat, als man seinem Fressen zu nah gekommen ist, um das er so lange kämpfen musste,

oder wo man gar (Ups!) festgestellt hat, dass der Auslandshund eine Krankheit mitgebracht hat, deren Behandlung dem Tierarzt nun einiges an Geld einbringen würde (Das können wir uns aber nicht leisten... Das hat uns vorher auch niemand gesagt.),

oder weil der Hund pausenlos bellt, weil die einzigen Bezugspersonen in seinem neuen Leben ihn alleine zurücklassen wollen in der fremden Umgebung, dann kann ich das nicht verstehen. Das ist keine Amazon-Bestellung, die wir kosten- und hirnfrei wieder zurückschicken können. Wir holen ein empfindungsfähiges Lebewesen zu uns. Und in unserem Fall haben wir sie noch nicht einmal kennengelernt. Wir hatten nicht die Chance festzustellen, ob unsere Chemie stimmt, ob wir füreinander geeignet sind. Und wir haben dieses Lebewesen schon erst recht nicht gefragt, ob es zu uns kommen und bei uns leben möchte.

Ich möchte niemandem auf den Schlips oder die Plateauschuhe treten, der*die seinen Hund aus guten Beweggründen und nach reiflicher Überlegung wieder abgibt. Denn es gibt Kombinationen und auch Situationen, da passt es wirklich nicht. Und leider stellt man das manchmal erst fest, wenn man sich darauf eingelassen hat. Niemand sollte sich, seine Familie und auch nicht seinen neuen „gebrauchten" Hund unglücklich machen, weil es auch mit gutem Willen nicht klappt. Doch daran, dass es klappt, sollte man zumindest erst einmal ein wenig arbeiten.

Wenn man jetzt sagt: „Uiuiui, das traue ich mir vielleicht doch nicht zu", dann ist das vollkommen in Ordnung. Diesen Schritt muss, ja sollte auch nicht jeder tun. Es gibt doch auch die

Möglichkeit, Auslandshunde auf Pflegestellen zu besuchen, die dort einen Zwischenstopp einlegen, um besser vermittelt werden zu können. Jeder Hund, der auf einer Pflegestelle in Deutschland ist, muss nicht mehr im Ausland versorgt werden. Und jeder Hund, der von einer Pflegestelle aus in sein neues Zuhause zieht, macht einen Platz frei für ein neues Auslandsfellchen. Ein Hund von einer Pflegestelle ist somit eine Chance, ein Auslandsfellchen zu sich zu holen **und** es erst einmal kennenzulernen. Ich glaube, so ziemlich alle Vereine haben einen Button auf ihrer Homepage, auf dem steht „Bereits in Deutschland" oder „Auf Pflegestelle in Deutschland". Schauen Sie doch einfach einmal nach.

Als ich mich für Cuta interessiert hatte, sagte mir die Ansprechpartnerin des Vereins, dass durchaus die Möglichkeit besteht, einen speziellen Hund nach Deutschland auf eine Pflegestelle zu holen, wenn man an diesem wirklich Interesse hat. Also, Mutige voraus. Fragen Sie doch einfach mal, ob so etwas möglich ist, wenn Sie sich in ein Auslandsfellchen verguckt haben. Und natürlich gibt es zigtausend Hunde, die in Deutschland in einem Tierheim leben und ebenfalls sehnsüchtig darauf warten, von ihrer neuen Familie entdeckt und nach Hause geholt zu werden. Sie haben es genauso verdient.

Ich weiß, dass manche Menschen der Ansicht sind, dass es in deutschen Tierheimen bereits genug Hunde gibt und man nicht noch welche aus dem Ausland holen muss. Ein schwieriges Thema. Hier stehen Geld, knappe Ressourcen und volle Tierheime dem Elend der Auslandshunde, Mitgefühl und Wunsch zu helfen gegenüber. Aber egal, ob man nun für eine Adoption aus dem Ausland ist, oder dagegen, ich denke in einem Punkt sind wir uns einig: Alle Fellnasen, egal wo sie leben auf dieser Welt, haben ein Herz, das schlägt und eine Seele, die leiden kann. Und alle haben ein wirklich tolles Zuhause verdient.

Mitleid allein jedoch reicht nicht. Jeder, der ein Tier zu sich holt und ihm ein Zuhause geben möchte, sollte sich ernsthaft überlegen, ob er die Zeit und die Geduld aufbringen möchte, dieses Tier ankommen zu lassen, es in sein Leben zu lassen und ihm die Welt zu zeigen. Denn das ist wirklich nicht ohne und schon gar nicht nebenbei gemacht. Und Geld kostet das zudem auch. Daher noch einmal meine Bitte: Überlegen Sie es sich gut! Denn es geht um die Entscheidung für ein Leben. Und die will wohl überlegt sein.

Am Ende des Tages, wenn das Schicksal wieder auf seinem Stuhl Platz genommen hat, muss man sagen, dass wir durch großes Glück zueinandergekommen sind. Es hat sicherlich Vorteile, den Hund vorher kennenzulernen, den man zu sich nach Hause und in sein Leben lässt, um **in etwa** einen Eindruck davon zu bekommen, wen man da nach Hause bekommt. Wir dachten, wir hätten eine Idee …
Ich muss zugeben, dass ich es als Wohltat empfunden habe, als die Hundetrainerin mal gesagt hat, dass die Neue Glück hatte, dass sie zu Hundemenschen wie uns gekommen ist. Bei anderen wäre das längst schiefgegangen und sie wäre zurückgegeben worden.

Für dich, kleines Knickohr, war es ein großes Glück, dass wir dich nicht persönlich kennengelernt haben. Denn dann hätten wir dich höchstwahrscheinlich nicht zu uns geholt. Wir hatten zu dem Zeitpunkt nicht geplant, einer Angstnase ein Zuhause zu geben. Aber jetzt, wo du schon lange nicht mehr die Neue bist, möchten wir dich nicht mehr missen. Und ich habe so das Gefühl, der Große auch nicht.

Heute bist du unsere kleine Chaosqueen, unsere wilde Hummel, unsere Rübe. Und nicht zu vergessen die Schmusemaus, unsere kleine große Schmusemaus.

Namen von Orten, Zwei- und Vierbeinern sind, wie es sich gehört, verfremdet. Sollten Sie sich trotzdem angesprochen fühlen, prima, dann können Sie ja mal darüber nachdenken, warum Sie es in dieses Buch geschafft haben. ;o) (Das Quäntchen Wahrheit)

Lebensfreude

Chrap, Chrap, Chrap.
Die kleine Bulgarin legt den Kopf schief und schaut den Großen
auffordernd an. Die beiden Knickohren stehen mal wieder wild
auf dem Kopf herum.
Chrap. Die Lütte weiß mittlerweile ganz genau, wie sie ihn kriegen
kann.
Chrap. Der Große schaut kurz zu mir hoch. Dann legt er die
Ohren an.
Chrap. Den Großen hält es nicht mehr. Mit einem übertriebenen
Grollen stürmt er auf sie zu.
Kaspergesicht.

Chrap, Chrap, Chrap. Die Welt kann so schön sein ...

Fakt oder Fiktion? – Wie so ein Buch zustande kommt

Glauben Sie wirklich, dass ich den Großen auf kleine aberwitzige Bettvorleger loslasse, um eine Situation zu klären, die ihre Frauchen nicht hinbekommen? Was, glauben Sie, nimmt man auf sich, damit das Projekt Zweithund nicht scheitert, sondern ein Happy End bekommt? Und was schätzen Sie, wie viele Pakete Waschpulver uns das auf dem Weg dahin gekostet hat? Im Endeffekt dürfen Sie natürlich glauben, was Sie wollen …

Fakt ist, die Bulgarin, die gibt es wirklich. Den Großen auch. Und dieses Buch enthält viele wahre Begebenheiten aus ihrem und unserem Leben. Fakt ist aber auch, dass ich mir als Autorin ein bisschen schriftstellerische Freiheit herausgenommen habe. Gerade das ist ja das Schöne am Schreiben – der Fantasie freien Lauf lassen dürfen. Sie sozusagen von der Leine lassen. Tja, und was dann passiert, konnten Sie auf den zurückliegenden Seiten lesen. Da werden Löcher in die Erinnerung gegraben, Gedankenfetzen geklaut und nach den wilden fünf Minuten weiß keiner mehr, wo vorne und wo hinten ist. Und da das Leben schon ernst genug ist, habe ich das Ganze mit einer gehörigen Portion Humor versehen.
Fakt und Fiktion liegen nun im Körbchen aneinandergekuschelt und ratzen, während sie von dem ersten wunderbaren, chaotischen, einmaligen, nervenaufreibenden und unvergesslichen Jahr mit unserem kleinen bulgarischen Knickohr träumen.

Für mehr gibt's die Chaospfoten auch auf Instagram unter:
https://www.instagram.com/autorin_sylvia_howe

Mehr von der Autorin gibt es hier:
https://www.autorin-sylvia-howe.com

Dieses Buch ist auch als E-Book erhältlich.

Danke

Vielen Dank an die Mitarbeiter*innen von PETA Deutschland e. V., dem Deutschen Tierschutzbund e. V. sowie VETO, der Vereinigung europäischer Tierschutzorganisationen, dass sie sich die Zeit genommen haben, mir auf meine Anfrage nach ein wenig Tierschutzstatistik zu antworten. Und Danke an den Mitarbeiter des Statistischen Bundesamtes, der mir zwar auch keine Zahlen zaubern konnte, aber zumindest noch mit einem Tipp zur weiteren Recherche geholfen hat.

Ich kann zwar schreiben, doch offensichtlich nicht immer so ganz fehlerfrei. Das musste ich feststellen, als ich mein korrigiertes Manuskript von Rieke Conzen – Lektorat & Korrektorat in den Händen hielt. Vielen Dank für Ihre akribische Arbeit. Das war so schnell und unkompliziert mit Ihnen. Ich hoffe, Sie stehen für die Fortsetzung wieder zur Verfügung. Ich verspreche auch, nicht so viele Absätze zu machen, um Ihren Rotstift zu schonen.

Auch wenn wir zu Anfang unterschiedliche Ideen hatten, wie es aussehen könnte, mit diesem Buchcover haben Sie aus dem Wau ein Wow gezaubert. Vielen Dank an Anja Richter von etageeins – Kreativpool für Grafik, Werbung + Webdesign für diese tolle Idee und Umsetzung.

An dieser Stelle möchte ich BB einmal dafür danken, dass sie so ist, wie sie ist. Macht das überhaupt Sinn, einem Menschen dafür zu danken, dass er so ist, wie er ist? Ich denke schon. Wenn er authentisch ist. Und das ist BB auf jeden Fall. Also danke ich dir für deinen Humor, für deine Spontanität und für deine verrückten

Einfälle. Auch wenn du meinst, manchmal herumzulaufen wie ein explodiertes Eichhörnchen. Ich finde, du bist eine klasse Frau. Und ich freue mich auf jeden Spaziergang, den wir als Gassi-Gang unternehmen. Bleib bitte, wie du bist!

Ich bewundere deinen Einsatz für Tiere. Und ich bewundere deine Entschlossenheit, wenn es darum geht, Ungerechtigkeiten so nicht stehen zu lassen. Auch wenn du dich manchmal grämst, dass du schon wieder erst losgestürmt bist, bevor du den Schlachtplan entworfen hast … Viele andere kommen über die Phase des Lamentierens und Meckerns gar nicht erst hinaus. Ganz anders du!

Ein supermegadickes Bussi geht an die Ponyfrau, die mich voller Tatkraft darin unterstützt hat, Buchmarketingideen zu entwerfen. Dein Elan war überwältigend. Wenn jetzt nicht zumindest jeder zweite Hundemensch in Deutschland dieses Buch kauft, dann weiß ich es auch nicht. ;o)

Das Wertvollste war jedoch, dass du an mich und diese Buchidee geglaubt hast. Du hast mich motiviert und mit mir zusammen gesponnen. Deine Rückmeldungen zu meinen kleinen „Podcasts" waren Ansporn für mich und Freude. Dafür danke ich dir von Herzen. Aber auch wenn du mich nicht derart unterstützt hättest, du bist einfach großartig – als Freundin, als Mensch!

Und ein ganz herzliches Dankeschön geht an die weltbeste Hundetrainerin dafür, dass sie die Stadthunde nicht in Köln, München oder Buxtehude gegründet hat. Nicht, dass ich etwas gegen Köln, München oder Buxtehude hätte, aber so konnte ich bei der Besten „in die Schule gehen", die ich mir wünschen konnte. Thanks to @stadthundeminden für all die Informationen, Hinweise und Korrekturen, wie wir Hundeschüler es besser machen können. Gerade wenn man einen besonderen Hund wie die Neue hat, sind Menschen wie du als Background Gold wert. Bitte niemals aufgeben, auch wenn wir Zweibeiner den gleichen Quatsch schon wieder machen.

Nicht zuletzt gilt auch all den Menschen ein superherzliches Dankeschön, die mich nach meinem Erstlingswerk „Doggenküsse" ermutigt haben, weiter zu schreiben. Der eine oder die andere fragt immer mal wieder, wann denn das nächste Buch rauskommt. Und manche fordern, dass ich in die Puschen kommen soll, weil sie es lesen wollen. Vor allem das Schlabbilabbifrauchen drängelt. Vielen Dank dafür!

Schaut, ich habe die Puschen an, hier stehe ich nun und ihr haltet mein neues Buch in den Händen. ;o)